REDAÇÕES 2024

Universidade Estadual de Campinas

Reitor
Antonio José de Almeida Meirelles

Coordenadora Geral da Universidade
Maria Luiza Moretti

COMVEST

Diretor
José Alves de Freitas Neto

Diretora Adjunta
Ana Maria Fonseca de Almeida

Coordenadora Acadêmica
Márcia Rodrigues de Souza Mendonça

Comissão de Seleção das Redações
Cynthia Agra de Brito Neves
Daniela Birman
Luciana Amgarten Quitzau

Secretária de Execução do Projeto
Lília Bragança da Silva

Conselho Editorial

Presidente
Edwiges Maria Morato

Carlos Raul Etulain – Cicero Romão Resende de Araujo
Frederico Augusto Garcia Fernandes – Iara Beleli
Marco Aurélio Cremasco – Maria Tereza Duarte Paes
Pedro Cunha de Holanda – Sávio Machado Cavalcante
Verónica Andrea González-López

ORGANIZAÇÃO
COMVEST

REDAÇÕES 2024
VESTIBULAR UNICAMP | VESTIBULAR INDÍGENA

FICHA CATALOGRÁFICA ELABORADA PELO
SISTEMA DE BIBLIOTECAS DA UNICAMP
DIVISÃO DE TRATAMENTO DA INFORMAÇÃO
Bibliotecária: Maria Lúcia Nery Dutra de Castro – CRB-8ª / 1724

R245   Redações 2024 : vestibular Unicamp / organização : Comissão Permanente para os Vestibulares (Comvest). – Campinas, SP : Editora da Unicamp, 2024.

1. Redação. 2. Exame vestibular. 3. Linguística – Coletânea. I. Universidade Estadual de Campinas. Comissão Permanente para os Vestibulares.

CDD – 469.5
– 378.1664
ISBN 978-85-268-1636-7   – 410

Copyright © by Comvest
Copyright © 2024 by Editora da Unicamp

As opiniões, hipóteses, conclusões e recomendações expressas neste livro são de responsabilidade dos autores e das autoras e não necessariamente refletem a visão da Editora da Unicamp.

Direitos reservados e protegidos pela lei 9.610 de 19.2.1998.
É proibida a reprodução total ou parcial sem autorização, por escrito, dos detentores dos direitos.

Foi feito o depósito legal.

Direitos reservados a

Editora da Unicamp
Rua Sérgio Buarque de Holanda, 421 – 3º andar
Campus Unicamp
CEP 13083-859 – Campinas – SP – Brasil
Tel.: (19) 3521-7718 / 7728
www.editoraunicamp.com.br – vendas@editora.unicamp.br

SUMÁRIO

APRESENTAÇÃO 7

PARTE I

VESTIBULAR UNICAMP 2024

INTRODUÇÃO

Dignidade da empregada doméstica no Brasil e acolhimento aos refugiados no mundo – direitos trabalhistas e direitos humanos em questão 15

PROPOSTA 1 29

PROPOSTA 2 35

EXPECTATIVAS DA BANCA

Proposta 1 41

Proposta 2 45

REDAÇÕES DOS CANDIDATOS

PROPOSTA 1 49

PROPOSTA 2 81

PARTE II
VESTIBULAR INDÍGENA UNIFICADO 2024

INTRODUÇÃO
Letramentos escolares e regulamentação das redes sociais; artigo de opinião e postagem – dois temas em dois gêneros discursivos 117

PROPOSTA 1 127

PROPOSTA 2 131

EXPECTATIVAS DA BANCA

Proposta 1 135

Proposta 2 136

REDAÇÕES DOS CANDIDATOS

PROPOSTA 1 139

PROPOSTA 2 147

APRESENTAÇÃO

O ato de reunir em um único livro 36 redações produzidas por candidatas e candidatos do Vestibular Unicamp e do Vestibular Indígena Unificado (Unicamp e UFSCar) é uma forma de valorizar a produção textual de estudantes e, para além disso, estimular a difusão das características da prova de redação nos processos seletivos da Universidade Estadual de Campinas (Unicamp). A prova de redação da Unicamp é conhecida por sua diversidade de gêneros textuais e pela exigência de uma leitura atenta dos temas propostos e da coletânea que os acompanha.

Ao longo dos anos, a nossa apresentação deste livro tem retomado as características da redação, analisando a pertinência dos gêneros textuais solicitados e a capacidade das candidatas e dos candidatos de se expressarem em diferentes contextos de escrita. Neste ano, queremos ressaltar um aspecto extremamente importante e que impacta no resultado da redação: a leitura exigida dos/as candidatos/as, a partir dos excertos apresentados na prova. Lembremos: a prova de redação da Unicamp é, antes de mais nada, uma prova de leitura.

Nas páginas seguintes, há bons textos que não devem ser lidos como modelos ou exemplos a serem seguidos fielmente. Antes, devem ser compreendidos como uma prática de leitura e escrita de jovens que cumpriram as exigências básicas solicitadas nas duas propostas de cada vestibular. No Vestibular Unicamp, a primeira proposta pedia uma **carta-denúncia** ao Ministério Público, ao se observarem as condições de uma trabalhadora doméstica que exercia suas funções na casa de um amigo e que, sem direitos trabalhistas, era tratada "como se fosse da família". A outra proposta partia de um modelo de simulação das negociações da ONU praticado nas escolas de Ensino Médio e solicitava que o candidato ou candidata escrevesse um **discurso** para rebater a declaração xenofóbica apresentada pela Hungria, que criticara políticas de acolhimento para pessoas em situação de refúgio. No Vestibular Indígena Unificado, uma proposta pedia a escrita de um **artigo de opinião** em defesa do estudo da língua portuguesa pelos indígenas que ingressam na vida universitária. A segunda proposta solicitava que escrevessem um *post* em uma rede social, discutindo a importância das próprias redes para a divulgação das diversas culturas indígenas e a necessidade de regulamentação para evitar a propagação dos discursos de ódio contra grupos tradicionalmente excluídos. Percebe-se, mais uma vez, o compromisso do exame com a diversidade de temas, perspectivas, pontos de vista, gêneros e "tons" do texto a ser elaborado, aspectos que estão profundamente ligados ao conhecimento dos/as candidatos/as acerca do que se solicita. Sem ter produzido uma leitura da realidade antes da prova e sem tê-la atualizado no momento da avaliação, é difícil alcançar um bom resultado nessa escrita. As leituras necessárias para um bom resultado começam, em alguma medida, antes mesmo do momento de aplicação da prova.

No cotidiano escolar e acadêmico, há uma demanda importante pela escrita, por vezes, quase obsessiva. A carreira acadêmica sustentada em currículos medidos essencialmente pela produção de artigos ou, de forma também cruel, a abundância de provas e trabalhos demandados no Ensino Básico indicam que os universos escolar e acadêmico estão atravessados pela necessidade de escrever e terminam sendo por isso avaliados. Até nas redes sociais as pessoas se sentem no dever de registrar fatos marcantes, acontecimentos prosaicos, marcar presença, expressar opinião.

Porém, é preciso lembrar: sem leitura, não há fundamentos para a produção de narrativas, o desenvolvimento de argumentos e raciocínios e tantas outras possibilidades que um texto nos exige. O escritor e crítico argentino Ricardo Piglia, em seu *O último leitor* (2006), dedica atenção máxima aos leitores e às leitoras, enaltecendo a capacidade de reflexão e as conexões que emergem do ato de ler.

O leitor e a leitora são aqueles e aquelas que utilizam suas próprias escalas para construir um conjunto de sentidos a partir de muitos fragmentos e experiências. A interpretação, tão necessária e fundante dessas construções, estimula a reinserção do leitor e da leitora no mundo, pois, como sugere o escritor argentino, ela ocorre a partir das experiências localizadas e situadas dos leitores e das leitoras.

O que é produzido pela leitura, entretanto, tem seus limites. A articulação entre o que se lê e o modo como se lê é fundamental para que a interpretação não seja arbitrária. O lugar que nos fiamos como leitores e leitoras para atribuir sentidos a partir do que pode ser observado em um texto e do que pode ser dele inferido, com base nas pistas e nos caminhos nele traçados, é um exercício que deve ser ainda mais valorizado nas escolas e que, indiretamente, se reflete nos textos da prova de redação.

A partir da coletânea apresentada na proposta de redação e com a boa prática de leitura, os candidatos e as candidatas ex-ploraram adequadamente as referências textuais, operacionalizaram suas inferências e produziram bons textos dentro de um gênero definido, delimitado tanto pela proposta temática mais ampla (interlocutores, recorte temático, objetivo da elaboração do texto, gênero solicitado) quanto pelo número de linhas disponibilizado.

Ler os breves textos produzidos na situação de exame e conhecer as diferentes maneiras de se aproximar da tarefa, no seu tema, gênero e aspectos da situação de produção, nos dá margem a imaginar a continuidade de práticas de leitura e produção de textos que a vida acadêmica almejada lhes proporcionará e exigirá. Nas interações que atravessam a formação universitária, espera-se que estudantes deparem com oportunidades relevantes de escuta, leitura e recepção ativa de textos e discursos. E isso só terá relevância se tais interações, além de mediarem a compreensão da realidade e a "apreensão" de seus sentidos mais evidentes, permitirem questionar, refutar, elaborar réplicas e tréplicas e, assim, continuar tecendo o interminável fio de linguagem que constitui tudo à nossa volta e a nós mesmos, seres de linguagem que somos.

É relativamente simples identificar características que definem um texto bem escrito, tal como a vasta produção acadêmica já registrou em pesquisas. Muito mais complexo, no entanto, é encontrar uma forma de dizer que um texto foi bem lido. A mesma complexidade abrange os limites e alcances que um sistema de avaliação que se pretenda coerente com o perfil do/a candidato/a esperado/a pela universidade, com os princípios relativos expressos consistentes, como o realizado na correção do vestibular, é capaz de detectar. Antes mesmo de definir a qualidade da leitura ou se perder nos meandros da discussão sobre sua adequação, elementos como a indicação de uma lista de obras, a existência de uma prova de redação e das demais provas dos vestibulares da Unicamp buscam enaltecer o gesto mais básico e inicial da formação escolar e acadêmica, que é estimular a leitura.

Dessa forma, convidamos para uma boa leitura de textos produzidos no processo de ingresso de 2024, com a certeza de que eles expressam boas práticas de leitura que se materializaram em textos bem construídos, na sua diversidade e singularidade, tal como permite (e deseja) o exame da Unicamp.

José Alves de Freitas Neto
Diretor da Comvest

Márcia Mendonça
Coordenadora Acadêmica da Comvest

PARTE I
VESTIBULAR UNICAMP 2024

VESTIBULAR UNICAMP 2024

INTRODUÇÃO

DIGNIDADE DA EMPREGADA DOMÉSTICA NO BRASIL E ACOLHIMENTO AOS REFUGIADOS NO MUNDO – DIREITOS TRABALHISTAS E DIREITOS HUMANOS EM QUESTÃO

Cynthia Agra de Brito Neves
Daniela Birman

O livro de redações do Vestibular Unicamp 2024 apresenta 30 textos que foram muito bem avaliados no exame seletivo. São redações que demonstram que os/as candidatos/as realizaram com eficácia as tarefas solicitadas na prova: a partir de um *projeto de texto* claro e definido, elaboraram uma *carta-denúncia* ou um *discurso-resposta*, atendendo às instruções "a" e "b" do enunciado, valendo-se, para isso, da leitura crítica da *coletânea*. Trata-se, portanto, de uma amostra de redações que cumpre exitosamente as atividades de *leitura* (dos enunciados e dos textos da coletânea) e de *produção escrita* (no *gênero discursivo* solicitado) propostas pela prova.

O Vestibular Unicamp 2024 sugeriu aos/às candidatos/as duas propostas de texto. Aqueles/as que optaram pela **Proposta 1** depararam com a elaboração de uma *carta-denúncia*, cuja situação de produção simulava que um/a vestibulando/a teria testemunhado certa "irregularidade" na casa de um/a colega, aonde ele/a teria ido estudar em um final de semana. Lá, teria deparado com a presença de uma empregada doméstica que, além de trabalhar dia e noite, sem descanso, morava no local de trabalho, sendo "considerada parte da família". O/a vestibulando/a deveria então *denunciar ao Ministério Público essa situação suspeita argumentando em defesa dos direito*s – trabalhistas e/ou humanos – *daquela empregada doméstica.*

As redações aqui selecionadas relatam casos de abusos sofridos por inúmeras Marias, Lucindas, Beneditas, Lúcias, Neuzas, Sônias, Lurdes, Glórias, além de outras empregadas domésticas anônimas, cujos patrões, algumas vezes apontados com nome e sobrenome (*"a casa dos Carvalho, família tradicional de Campinas, ligada à aristocracia cafeeira no passado"*, ou *"a família Leão Matos"*, ou ainda *"a patroa Jennifer da Costa Ebberheart"*), pertencentes às classes média e alta (moradores de Teresópolis, de Búzios ou da Zona Sul do Rio de Janeiro, como também moradores do bairro de Pinheiros, na Zona Oeste de São Paulo), foram devidamente denunciados em cartas direcionadas ao Ministério Público e assinadas por estudantes indignados/as com a situação criminosa testemunhada na casa de um/a colega.

Em suas cartas, as empregadas domésticas foram quase sempre descritas à imagem e semelhança de Tia Nastácia (**texto 3**): *"Uma mulher preta explorada por uma família branca em troca de moradia e alimento"* [que] *"Não tem férias, não tem horário de trabalho definido, não recebe sequer um salário mínimo, não tem filhos, não tem voz, não tem direitos, mas tem que sobreviver, e para isso, [...] convive com esse roteiro condizente com o Brasil colonial"*, acusa o estudante que assina como *"X"* (Otávio Castelhero Guglielmi Diana). As denúncias, como essa, ora se relacionavam à ausência de direitos trabalhistas, mesmo sabendo que tais direitos *"datam da Era Vargas com a criação da Consolidação das Leis do Trabalho (CLT)"*, contextualiza *"o Aluno Dedicado"* (Isabela Ricartes Salazar), e que em 2013 foram concedidos à categoria das empregadas domésticas com a aprovação da conhecida PEC das domésticas (**texto 6**); ora se relacionavam às violências físicas e/ou verbais sofridas por essas empregadas domésticas, caracterizando assim uma relação assimétrica de poderes entre empregador e empregado, em que patroas atuam como opressoras ao desrespeitar os direitos humanos de (suas) empregadas domésticas.

Em ambos os casos, trata-se de denúncias-crime que poderiam ser facilmente enquadradas como trabalhos análogos à escravidão (a exemplo do **texto 1**) – herança de um Brasil colonial e escravocrata que segue a *"lógica de exploração proveniente do período em que o trabalho forçado era legal [...] e que se transfere de geração em geração, de modo a consolidar uma classe que é condenada eternamente a desempenhar os mesmos papéis secularmente servis"*, reconhece Júlia Emille Alves dos Santos, a partir da leitura do **texto 4** da coletânea. *"É de se esperar que essa situação seja do século XV, mas é de 2023 [...] [pois], apesar de a abolição ter ocorrido em 1888, o século XXI carrega traços dessa mazela dentro de muitas casas brasileiras, mascarada pelo serviço doméstico [...]"*, explica Mariana Genuíno Torres, consciente da *"herança passada entre gerações desde o Período Colonial e [que] ainda permeia os costumes da Casa-Grande e Senzala [...], a herança dos papéis servis para os empregados domésticos que sofrem maus-tratos e têm seus direitos trabalhistas negados"*, conclui associando o **texto 4** com o **texto 6**.

Algumas cartas-denúncias descreveram cenas explícitas de violência, provavelmente inspiradas na história de Vera, personagem do **texto 2**: a *"empregada sendo agredida [...], enquanto ouvia xingamentos e reclamações sobre a demora no preparo do jantar"*, relata *"André"* (João Pedro Alves Ferreira); levando *"uma bronca [...] porque o arroz passou do ponto"* (Beatriz Zanardo Brandolise); o caso de uma patroa *"ameaçando retirar integralmente o salário da empregada [...], proferindo xingamentos racistas e outras falas desumanizantes"* (Gabriela Fernandes Lima); a proibição de a empregada *"ir ao hospital, pois havia cortado a palma da mão com a faca, quando preparava o jantar"* (Júlia Emille Alves dos Santos); o abuso de acordar a empregada *"no meio da madrugada, horário fora de seu expediente, para servir sua patroa, que estava com preguiça demais para fazer um copo de suco para ela mesma"*, conforme testemunhou *"Capitu"* (Sabrina Marin de Sousa); e até a censura de falar com os vizinhos, como fez Maria ao sair *"para colocar o lixo para fora"*, denunciou *"Arthur Silva"* (Julya Fumagalli Santos).

Enfim, foram inúmeros os relatos envolvendo empregadas domésticas que trabalhavam *"sem descanso, sem dinheiro e sem escolhas"* (Beatriz Aparecida Krahembuhl Miguel Damaceno), *"seja limpando o chão, seja tirando o lixo"* (Maria Vitória Begnossi), *"cozinhando, limpando cômodos e fazendo compras de comidas e produtos de limpeza"* (Letícia Kirasuke de Menezes), *"parando apenas para dormir e almoçar uma comida diferente da qual a família saboreava, em uma mesa distante da qual a família estava sentada"* (Otávio Castelhero Guglielmi Diana). Em troca, recebiam *"comida e cama, ou quase isso, porque seu dormitório ficava no porão da casa, lugar mofado, mas muito silencioso [...]"* (Bianca Conrado Ona Santella) – eis o "quartinho de empregada" ou o "quartinho dos fundos" em substituição à senzala. Tal comparação foi muito bem compreendida pelos/as candidatos/as que souberam ler produtivamente a explicação histórica de Jessé de Souza, no **texto 4**.

Nota-se, ainda, nas redações aqui selecionadas, que os/as estudantes compreenderam o cinismo proposto no **texto 5**, que considera a empregada doméstica falsamente como *"parte da família"*, e associaram esse imaginário à figura literária de Tia Nastácia (do **texto 3**), *"agregada da família"* de Dona Benta, do *Sítio do Picapau Amarelo*, que não deixa de ser personagem-ícone da *"perpetuação da escravidão"* (**texto 4**): *"ela era 'da família' e dormia e comia ali, em um quartinho nos fundos, sem receber salário [...], era normalizado a Tia Nastácia fazer seus quitutes sem ser remunerada. Ela começou quando, depois da abolição da escravidão, as mesmas pessoas continuaram pobres fazendo os trabalhos domésticos 'sujos' para as elites. Ela começou quando falsamente incluíam a empregada na família para 'domesticá-la' como um 'familiar', mesmo sem cumprirem seus direitos"* (Gabriella Tesch Toledo Cornélio).

A indignação tomou conta das cartas-denúncias que buscavam então desmascarar a hipocrisia na relação patroa--empregada descrita no **texto 5**: *"'é a nossa doméstica, é como se ela fosse da família, sabe?!' [...] A trabalhadora é 'nossa', revelando um sentimento de posse que permanece na elite brasileira mais de 100 anos após a Lei Áurea"* (Beatriz Zanardo Brandolise). Nessa direção, outras tantas redações demonstraram uma leitura crítica e inferencial ao associar, intertextualmente, os **textos 3**, **4** e **5**, como nestes exemplos: *"é preciso evidenciar que alguns desses abusos sofridos pela classe das domésticas é mascarado por 'truques práticos' adotados pelas donas de casa para que o funcionário não perceba a violência. Dessa forma, chamar o empregado como 'parte da família' é uma forma de opressão que impede o trabalhador de lutar pelos seus direitos, como a carteira assinada, pois o impede de ir contra 'sua família'"* (Mariana Genuíno Torres); *"Considerada 'parte da família' pelos residentes – em uma clara explicitação de violências* *simbólicas amaciadas sendo acobertadas por relações afetivas falsas – a trabalhadora sobrevive diariamente há décadas em meio a diversas violações da lei por parte de seus patrões – cuja família é pertencente a um núcleo branco de classe média-alta carioca"* (Gabriela Fernandes Lima); *"Nesse contexto, é frequente a concepção de que essas mulheres devem ser 'domadas' e 'domesticadas' com o objetivo de exercerem suas funções de maneira eficiente, processo que perpassa ataques contra a dignidade e a integridade humana"* (Júlia Emille Alves dos Santos); *"É inegável que a grande maioria das empregadas são mulheres negras e pobres, as quais são inferiorizadas, invisibilizadas e exploradas pela classe da elite, que, ao relegar aos pobres o trabalho do lar, consegue mais tempo para se dedicar aos próprios negócios e, assim, acumular capital, processo que pode ser considerado um roubo do tempo dos menos favorecidos socialmente. [...] Com efeito, tal história, ainda contada atualmente, corrobora a perpetuação de Nastácias, mulheres que são 'da família' apenas na hora do trabalho braçal, pois, de resto, elas vivem tal como uma escrava, com péssimas condições de vida, muitas vezes dormindo em cubículos precários. Soma-se a isso a ausência de direitos a férias, ao descanso, ao lazer e ao salário, em uma impiedosa violência"* (Maria Vitória Begnossi); *"A funcionária que busco libertar é mais uma dessas pessoas, uma mulher negra, confinada em um 'quartinho de empregada' por anos a fio, sem salário, abandonada pelo poder público e considerada como um membro da família apenas quando é estritamente conveniente aos patrões"* (Júlia Mendes Grossi Ferreira).

Como dito anteriormente, nessa primeira proposta, foram exitosas as redações que mobilizaram os *textos da coletânea* em prol de um *projeto de texto*. Não necessariamente todos os textos da coletânea, mas aqueles que, quando articulados, evidenciam a capacidade de leitura *global* e compreensão *crítica* dos/as candidatos/as acerca do tema proposto. Em todas as *cartas-denúncias* aqui apresentadas, uma situação criminosa envolvendo uma empregada doméstica foi descrita (item "a"), e sua defesa foi elaborada por meio de argumentos devidamente planejados (item "b"), a partir da leitura histórica, antropológica, sociológica, literária e atualizada dos textos da coletânea.

Já os/as candidatos/as que escolheram a **Proposta 2** deveriam se colocar na posição de estudante de uma escola participante do MONUEM (Modelo de Simulação da ONU para o Ensino Médio). Ao encenar uma rodada de negociações com países das Nações Unidas, tal estudante, então representante da delegação brasileira, deveria defender as posições políticas do seu país. Nesse papel, ele/a precisaria proferir um *discurso em resposta* ao delegado da Hungria, que havia se manifestado contrariamente à política de acolhimento aos refugiados. Ao elaborar esse *texto argumentativo*, o/a candidato/a, então delegado/a brasileiro/a no MONUEM, teria a responsabilidade não apenas de *rebater a posição da Hungria*, mas também de *defender a política de acolhimento aos refugiados praticada no Brasil*.

Simulando um texto a ser lido em voz alta no plenário da ONU, a maioria das redações aqui selecionadas se dirigiu, de alguma forma, aos seus destinatários, marcando a *interlocução* solicitada. Saudações, agradecimentos pela concessão da palavra, pedido de decoro ou o simples endereçamento aos ouvintes foram, assim, as opções escolhidas por vários/as candidatos/as para iniciar o seu texto. De modo similar, parte das redações reforçou essa *interlocução* ao concluir a sua fala agradecendo a atenção recebida.

Afora essas marcas formais e estilísticas que caracterizam um discurso oral em plenário, foram bem avaliadas as redações que, ao elaborarem um *texto argumentativo*, se colocaram de modo contrário ao posicionamento da Hungria, demonstrando assim uma leitura acurada do **texto 2** da coletânea, que reunia declarações do primeiro-ministro húngaro, Viktor Orbán. De fato, muitos/as candidatos/as revelaram capacidade crítica e interpretativa ao desconstruir as falas de Orbán e ao adjetivar o seu posicionamento político. Tais redações afirmaram, com todas as letras, como a posição do primeiro-ministro e/ou do delegado húngaro revelava uma política *contrária aos direitos humanos*, marcada pelo *racismo*, pela *xenofobia*, pelo *preconceito*, pela *eugenia* e por um *nacionalismo fascista*.

Para desconstruir esses argumentos, alguns/mas candidatos/as também mostraram capacidade de invertê-los. Isso pôde ser realizado com o apoio de dois textos da coletânea que descrevem os tipos de perseguição sofridos pelos refugiados e as violências das quais são vítimas (**texto 1**) e explicam o que significa conceder **asilo** a pessoas nessas condições. Por meio dessas definições, o candidato Gabriel Mazili Pedroza inverteu as acusações nas afirmações de Orbán: *"[...] não são terroristas; pelo contrário, fogem do terror. Não perseguem; pelo contrário, são perseguidos. Não são bárbaros; fogem da barbárie"*, resumiu. Luísa Martins Cardoso foi mais longe ao apontar a responsabilidade da Europa em muitos dos desastres humanitários da história: *"[...] quantas nações e povos ao redor do mundo não tiveram suas identidades culturais, riquezas naturais, tradições e populações massacradas pelo colonialismo europeu? Quantos dos conflitos e crises nacionais que fazem com que tantas pessoas se tornem refugiadas e precisem implorar por asilo internacional não tiveram a participação da Europa, e de seu sentimento de superioridade?"*. A desconstrução do discurso de Orbán foi realizada de modo mais direto por Júlia Porto Nogueira da Gama ao afirmar que a *"falta de civilidade e humanidade seria, na verdade, afundar barcos de refugiados* *sem pudor, matando crianças e dizimando famílias como se nada fossem, a exemplo do que fazem alguns aliados europeus da Hungria em seus litorais".*

Outros/as candidatos/as nas redações aqui selecionadas também exploraram a força evocada pela imagem de naufrágios de barcos com imigrantes, tal como a da charge que integra a coletânea (**texto 3**) e tantas outras fotografias que circulam atualmente no noticiário internacional. Elisa Guimarães Barbosa, por exemplo, iniciou seu discurso recordando justamente um registro simbólico da crise migratória contemporânea: a fotografia de um menino sírio morto numa praia da Turquia, imagem que rodou o mundo em 2015. *"Essa morte precoce não é, no entanto, somente resultado do comprometimento da embarcação, mas de uma política que desumaniza os refugiados. Tal política é fortalecida a cada discurso xenofóbico como o proferido pelo delegado da Hungria nesta tribuna"*, escreveu. Já para o candidato Marcelo Rigo dos Santos, *"a comoção gerada pelas notícias de imigrantes afogados não é suficiente – é crucial acolher, visando evitar novas tragédias como essas"*. Gabriel Mazili Pedroza pede ainda que *"cessem de assistir a navio após navio de refugiados naufragar em suas costas, afundando sonhos e diplomas"*.

Vários/as candidatos/as destacaram também, e com razão, a contradição existente entre a posição defendida pela Hungria e o papel da ONU ao levar em conta o contexto político de sua criação, após a Segunda Guerra Mundial (1945): *"Acredito que seja pertinente, senhores, que eu recapitule o papel deste órgão – a ONU; a Organização das Nações Unidas tem o papel de trabalhar em conjunto para preservar o bem-estar global, e, a partir desta definição, fica claro que o posicionamento húngaro deixa de ser um atentado apenas à humanidade dos refugiados, já que passa a ser um atentado ao papel máximo desta instituição também"* (Mariana Lopes da Cunha Menossi Teixeira); *"[...] a posição egoísta e ignorante da Hungria só enxerga parte do problema e falha em compreender as funções da ONU no cenário internacional"* (Fabrício Leite Momenti); *"A ONU formou-se após a Segunda Guerra Mundial, com o intuito de garantir os esforços de preservação da dignidade humana, respeitando a heterogeneidade cultural que é inerente ao desenvolvimento dos povos e civilizações. Por isso é imoral assistir passivamente à morte de refugiados que tentam migrar clandestinamente em busca de oportunidades de sobrevivência"* (Priscila Casagrande Salomão).

Ao cumprirem a segunda exigência estipulada no enunciado (defender a política de acolhimento aos refugiados praticada no Brasil), as redações aqui selecionadas souberam explorar de forma crítica os **textos 4, 5 e 6** da coletânea. Vários/as candidatos/as conseguiram, assim, articular informações extraídas desses textos com repertório próprio. Giulia Giovana Barreiro Gaiola, por exemplo, se apoiou na reportagem da *BBC News Brazil* (**texto 6**) ao lembrar que, quando os refugiados recebem a assistência necessária na sua chegada ao país de destino, eles conseguem se inserir no mercado de trabalho e, portanto, passam a pagar impostos, retornando os "investimentos iniciais". A candidata ainda reforça esse argumento ao acrescentar uma referência à teoria da transição demográfica, lembrando como nesse período em que vários países, incluindo os europeus, têm sofrido *"redução significativa da População Economicamente Ativa, os asilados incrementam a mão de obra nacional e auxiliam a reduzir os déficits previdenciários"*.

A articulação entre diferentes conteúdos da própria coletânea também foi bem realizada por parte dos/as estudantes. Esses/as alunos/as, desse modo, associaram o Artigo 4º da Constituição Federal (**texto 5**) – que, ao tratar das relações internacionais, determina tanto "a prevalência dos direitos humanos" quanto "a concessão de asilo político", entre outros itens – com as estatísticas reunidas no **texto 4**. Ao compararem a percepção dos brasileiros sobre os refugiados com a média global, essas estatísticas mostram como realizamos mais ações de apoio a refugiados e como, também em relação a essa média, consideramos uma obrigação humanitária receber essas pessoas: *"[...] em consonância com a Carta Magna, pesquisas sugerem que a população brasileira possui, em relação à média global, maiores índices de preocupação com essa causa. Isso reforça que nossa posição é reflexo do sentimento comunitário, servindo de exemplo para as nações"* (Marcelo Rigo dos Santos); *"Grande parte da população brasileira apoia as relações exteriores de acolhimento, e, nas pesquisas sobre tolerância a imigrantes, apesar dos problemas internos, estamos sempre acima da média mundial"* (Júlia Porto Nogueira da Gama).

Outros/as candidatos/as, de modo certeiro, relacionaram as boas práticas existentes no Brasil em relação aos refugiados (sejam aquelas previstas no Artigo 4º da Constituição, sejam aquelas medidas pela estatística publicada na coletânea) com a história de hibridação cultural e de mestiçagem que atravessa o nosso país, como nos mostram estes textos: *"No passado, acolhemos milhões de italianos e japoneses que fugiam de guerras. Recentemente, demos asilo para milhares de sírios e venezuelanos, em coerência com nossos princípios e com as normas internacionais. Como resultado, ao invés de rejeitarem a política de acolhimento, nossos cidadãos mostram-se mais abertos do que a média global à causa dos refugiados"* (Gabriel Mazili Pedroza); *"O Brasil não é 'menos nação' por ter um povo mestiço, pelo contrário, uma das grandes riquezas de meu país é nossa diversidade racial e cultural. Essa diversidade permitiu a criação de princípios que regem nossas relações internacionais, como a prevalência dos direitos humanos e o repúdio ao racismo"* (Fabrício Leite Momenti); *"[...] na representação do Brasil, um país fruto de outros povos, que se orgulha de sua heterogeneidade e reconhece a importância das diferentes culturas em seu processo formador, reitero que continuaremos nossas políticas de acolhimento de refugiados e lutaremos para que a defesa da paz, a solução pacífica dos conflitos e a prevalência dos direitos humanos – como dita nossa Constituição Federal – sigam fortes"* (João Lucas de Sá Correia Maciel).

Percebe-se, claramente, como essas redações bem avaliadas da segunda proposta não se limitam a repetir argumentos, dados e definições reunidos nos textos da coletânea. Ao se apropriarem desses textos, os/as candidatos/as se revelaram capazes de lê-los criticamente – como quando denunciam a política racista e xenófoba do primeiro-ministro da Hungria, por exemplo – e de elaborarem contra-argumentos a partir de inferências intertextuais – como quando concluem sobre a relação das práticas internacionais do país com a nossa história de miscigenação, ou ainda, quando articulam o Artigo 4º da nossa Constituição com a boa receptividade dos brasileiros em relação aos refugiados, por exemplo.

Em suma, cada proposta de redação do Vestibular Unicamp sugere a produção de um texto a ser escrito em um *gênero específico* sobre um determinado *tema*: a **Proposta 1**, uma carta-denúncia à situação de uma empregada doméstica que vive em condições análogas à escravidão; a **Proposta 2**, um discurso-resposta em oposição à política racista e xenofóbica da Hungria e em defesa do acolhimento de refugiados. Para cada proposta, uma *coletânea de textos* é oferecida como subsídio para os/as candidatos/as *lerem* e *planejarem* seus argumentos para a realização das tarefas solicitadas na prova. Não há mistérios, não há fórmulas, não há modelos de textos pré-fabricados, não há estruturas de gêneros engessadas que devam ser seguidas ou simplesmente copiadas. A cada ano, a prova de redação do Vestibular Unicamp avalia a competência de *leitura* e *escrita* de seus/as candidatos/as a partir dos textos que ela oferece ao leitor/a-escritor/a em seu exame seletivo.

Este livro de redações apresenta uma amostra significativa de textos que comprovam que a prova é possível de ser realizada com sucesso por estudantes que se dedicam a ler, a planejar seu texto, a escrever e a reescrevê-lo, compreendendo que o processo de produção escrita é contínuo e requer habilidades de leitura e de (re)escrita ao longo de todo o Ensino Médio, em todas as disciplinas do currículo escolar, e não apenas em língua portuguesa. Para além do universo escolar, é preciso frisar que ler e escrever são, antes de tudo, práticas sociais importantes em um país democrático como o nosso que deseja uma *educação crítica* de seus cidadãos.

VESTIBULAR UNICAMP 2024
PROPOSTA 1

Você foi estudar para o vestibular na casa de um/a colega de classe em um final de semana. Lá, em meio a leituras e resolução de exercícios, você percebeu a presença de uma empregada doméstica trabalhando de dia e de noite. Intrigado/a, perguntou ao seu/sua colega a respeito da funcionária e foi surpreendido/a com a resposta de que ela morava em casa e era considerada parte da família. Não convencido/a, você decidiu denunciar aquela situação ao Ministério Público do Trabalho. Elabore uma **carta-denúncia** em cujo texto você: **a)** descreva uma situação testemunhada na casa de seu colega que pode ser considerada crime e **b)** argumente no sentido de defender os direitos daquela empregada doméstica. Você deve, obrigatoriamente, se apropriar de elementos da coletânea a seguir, demonstrando leitura crítica dela na elaboração de seu texto.

1. O Ministério do Trabalho e Emprego resgatou 1.443 pessoas em condições análogas à escravidão no primeiro semestre de 2023. É quase o dobro do total de 771 resgates feitos em todo o primeiro semestre de 2022. Os registros cresceram especialmente após a liberação de trabalhadores encontrados em situação degradante em vinícolas no Rio Grande do Sul, em fevereiro. Os dados oficiais sugerem um aumento de casos de escravidão contemporânea no Brasil, mas a questão é: aumen-

REDAÇÕES 2024

taram os crimes ou as denúncias? De fato, a fiscalização aumentou desde o início do atual governo. Até junho de 2023 foram realizadas 174 ações, contra 63 no mesmo período de 2022. Os 1.443 resgates são o maior resultado dos últimos 12 anos.

(Adaptado de: "135 anos após a Lei Áurea, trabalho análogo à escravidão tem ápice em 12 anos". *Folha de São Paulo*, 03/07/2023.)

2. Saí de Belo Horizonte com 19 anos e fui para o Rio de Janeiro trabalhar como empregada doméstica. Fiquei mais de 50 anos com a mesma família. A patroa providenciou meus documentos pessoais e carteira de trabalho. A carteira nunca ganhou uma assinatura. Fazia tudo na casa e levava as crianças para a escola. Vi os filhos crescerem, se casarem e até nascer um neto da patroa. Morava num condomínio fechado e passava o tempo todo fazendo o serviço da casa. Não podia parar para sentar, a patroa reclamava. Na hora de dormir, eu colocava um colchonete no chão do escritório. Não reclamava, porque eu não tinha outro lugar para morar. No começo, a dona da casa era boa pra mim, comprava minhas roupas. Nunca tirei férias na vida e também não tinha salário. Ela me falava que o meu salário ajudava nas compras da casa. Quando a patroa bebia, ficava violenta, aí me batia sem motivo. Eu já não aguentava mais o sofrimento que estava passando ali. Às vezes chorava escondida nos cantos. Um dia falei tudo o que acontecia para a vizinha, que sempre me vigiava e via a patroa me xingando. Fui resgatada em setembro de 2021.

(Adaptado de: SANTANA, J.; FLORA, K. "Escravidão hoje: mulheres afetadas pelo trabalho escravo lutam por indenização". Depoimento de Vera, 75 anos (nome fictício). *Folha de São Paulo*, 02/07/2023.)

3.

LOBATO, M. Quitutes da Tia Nastácia. *Sítio do Picapau Amarelo*. Ilustração do DVD.

4. Uma herança se transfere de geração em geração. Exemplo disso é a perpetuação da escravidão "dentro dos homens", o que gera a "ralé de novos escravos" hoje em dia, ainda que, formalmente, não exista mais escravidão. O caso atual da exploração da ralé brasileira pela classe média para poupar tempo de tarefas domésticas, sujas e pesadas – que lhe permite utilizar o tempo "roubado" a preço vil em atividades mais produtivas e mais bem-remuneradas – mostra uma funcionalidade da miséria. Essa luta de classes silenciosa exime toda uma classe dos cuidados com os filhos e da vida doméstica, transformando o tempo poupado em dinheiro e aprendizado qualificador. A classe roubada, no caso, é condenada eternamente a desempenhar os mesmos papéis secularmente servis.

(Adaptado de: SOUZA, J. "A criação da ralé de novos escravos como continuação da escravidão no Brasil moderno". *A elite do atraso: da escravidão a Bolsonaro*. Rio de Janeiro: Estação Brasil, p. 84-85, 2019.)

5. Se você, "leitora amiga", não sabe como "transformar sua empregada doméstica em auxiliar responsável e amiga da dona de casa", não sabe como conseguir e manter a tão sonhada paz doméstica e, sobretudo, como "não perder na luta para não ficar fazendo o trabalho da empregada deixando de lado [seus] afazeres normais", eis aqui alguns "jeitinhos astutos" para "amaciar", "domesticar", enfim, "domar como um bicho bravo" a sua empregada. Antes de mais nada, "se sua empregada não possuir rádio próprio, forneça-lhe um"; "dê as ordens em tom calmo e firme para não despertar a fera que existe em cada um[a] de nós"; use a estimulante fórmula Nós. Por exemplo: "hoje nós vamos comprar peixe", "precisamos fazer faxina aqui na cozinha" [...]. Truques como esses e outros mais compõem o "guia prático da mulher independente", intitulado *A aventura de ser dona-de-casa (dona-de-casa vs. empregada)*: um assunto sério visto com bom humor, escrito por Tania Kaufmann, em 1975, com o apoio da irmã, a escritora Clarice Lispector.

(Adaptado de: RONCADOR, S. *A doméstica imaginária: literatura, testemunhos e a invenção da empregada doméstica no Brasil (1889-1999)*. Brasília: Editora Universidade de Brasília, p. 136, 2008.)

6. Dados recentemente divulgados pelo Instituto Brasileiro de Geografia e Estatística (IBGE), por ocasião dos 10 anos da Proposta de Emenda Constitucional (PEC) das Domésticas, mostraram que houve retrocessos nos últimos anos nas garantias dadas à categoria de trabalhadores domésticos. "Trabalho doméstico não é favor, é uma profissão. Se hoje temos queda do número de carteiras assinadas em nossa categoria, é porque estão sonegando nossos direitos para burlar a lei. Se a elite brasileira quer ter empregados em casa, então precisa se conscientizar sobre o cumprimento dos direitos trabalhistas de quem emprega", afirma Maria Izabel Monteiro, presidenta do

Sindicato dos Trabalhadores Domésticos do Município do Rio de Janeiro.

(Adaptado de: MIRANDA, E. "PEC das Domésticas completa 10 anos com queda no número de vagas com carteira assinada". *Brasil de fato*, 12/04/2023.)

VESTIBULAR UNICAMP 2024
PROPOSTA 2

Sua escola participa do MONUEM (Modelo de Simulação da ONU para o Ensino Médio), projeto concebido pelo Ministério das Relações Exteriores, e que tem como objetivo realizar, nas escolas da rede pública de ensino de São Paulo, simulações de rodadas de negociação entre representantes das Nações Unidas. Cada delegado representa a posição de seu país na geopolítica. Você representa a delegação brasileira e, como tal, foi escolhido/a para responder, em plenário, ao discurso do delegado da Hungria, país contrário à política de acolhimento a refugiados. Elabore um **discurso** em **resposta** ao delegado húngaro em cujo texto você: **a)** rebata a posição política da Hungria; e **b)** defenda o acolhimento aos refugiados em apoio às boas práticas nas relações internacionais do Brasil. Você deve, obrigatoriamente, se apropriar de elementos da coletânea a seguir, demonstrando leitura crítica dela na elaboração de seu texto.

Asilo: Instituição jurídica que visa à proteção a qualquer cidadão estrangeiro que se encontre perseguido em seu território por delitos políticos, convicções religiosas ou situações raciais. (Glossário da Câmara dos Deputados. Asilo político – Portal da Câmara dos Deputados.)

1. Refugiados são pessoas que estão fora de seu país de origem devido a temores de perseguição relacionados a questões de raça, religião, nacionalidade, opinião política, ou pertencimento a um determinado grupo social, e que não podem, ou não querem, valer-se da proteção do país de origem. Ou ainda, pessoas que estão fora de seu país de origem devido a conflitos, violência ou outras circunstâncias que perturbam seriamente a ordem pública e que, como resultado, necessitam de "proteção internacional".

("Refugiados" e "Migrantes" – Perguntas Frequentes da Agência da ONU para Refugiados – ACNUR.)

2. Em 2015 "fui o primeiro a opor-me definitivamente" à política de aceitação de refugiados, disse o primeiro-ministro da Hungria, Viktor Orbán. "Esta abordagem pode destruir a identidade cultural da Europa. Acredito que muitas pessoas perigosas chegaram à Europa e contribuíram com o terrorismo e muitas dificuldades sociais." Em 2022, Viktor Orbán fez declarações contra a "mistura de raças" em um discurso na região da Transilvânia, na Romênia. Disse que os húngaros "não querem se tornar um povo mestiço" e que isso se trata de uma "questão cultural", não racial. Tais declarações geraram uma enxurrada de críticas de governos e instituições. "A posição que represento é um ponto de vista cultural, civilizacional", afirmou o premiê. E, dirigindo-se a uma multidão, continuou: "existe um mundo em que os povos europeus são misturados com aqueles que chegam de fora da Europa. Esse é um mundo de raças mistas. E há o nosso mundo, em que os cidadãos da Europa transitam, trabalham e se movem. Estamos dispostos a nos misturar, mas não queremos nos tornar povos mestiços", afirmou. Ele também disse que países em que europeus e não europeus se misturam "não são mais nações" nem parte do Ocidente.

(Adaptado de: "Hungria diz que refugiados podem trazer terrorismo e destruir identidade europeia". *Observador*, 01/09/2021, e de "Orbán diz que discurso contra migração é 'questão cultural'". *DW Brasil*, 28/07/2022.)

3.

@alirezapakdel_artist.
(Charge premiada em eventos internacionais na Turquia e no Brasil.)

4.

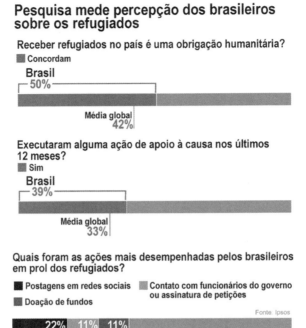

(MARTINS, E. "Brasileiros veem recepção a refugiados como obrigação humanitária, mas obstáculos a acolhimento persistem". *O Globo*, 20/06/2023.)

5. Art. 4º A República Federativa do Brasil rege-se nas suas relações internacionais pelos seguintes princípios: I- independência nacional; II- prevalência dos direitos humanos; III- autodeterminação dos povos; IV- não-intervenção; V- igualdade entre os Estados; VI- defesa da paz; VII- solução pacífica dos conflitos; VIII- repúdio ao terrorismo e ao racismo; IX- cooperação entre os povos para o progresso da humanidade; X- concessão de asilo político.

(Constituição da República Federativa do Brasil de 1988.)

6. A pesquisadora Cindy Huang (Center for Global Development) explica que, quando os refugiados chegam, precisam de assistência pública, mas que esse gasto é "um investimento que pode retornar ao país" porque com o tempo eles também passam a pagar impostos. "Os refugiados vão contribuir de volta em termos fiscais e econômicos tão logo eles conseguirem ser integrados ao mercado de trabalho do país anfitrião", diz. Especialistas afirmam que casos bem-sucedidos de acolhimento contaram com governos engajados, que promoveram, por exemplo, o ensino gratuito do idioma local, a promoção do acesso das crianças às escolas, o reconhecimento das qualificações acadêmicas dos imigrantes e a redistribuição dos imigrantes dentro do país.

(Adaptado de: WENTZEL, M. "Como países como o Brasil podem se beneficiar da vinda de refugiados". *BBC News Brasil*, 02/09/2018.)

VESTIBULAR UNICAMP 2024

EXPECTATIVAS DA BANCA

A prova de redação do Vestibular Unicamp 2024 propôs aos/às candidatos/as a produção de dois textos de gêneros diferentes que colocam em cena temas sensíveis e atuais: a dignidade do trabalho da *empregada doméstica* no Brasil e o acolhimento aos *imigrantes refugiados* no mundo. As duas propostas de escrita apresentam uma coletânea de textos que deve ser lida criticamente pelos/as candidatos/as em busca de informações, dados e argumentos a serem selecionados e utilizados com propriedade na elaboração de suas redações.

Proposta 1

A **primeira proposta** coloca o/a candidato/a na situação de um/a vestibulando/a que vai estudar na casa de um/a colega em um final de semana e lá depara com a presença de uma *empregada doméstica* que mora com aquela família como se dela fizesse parte. Tal condição de trabalho instiga a desconfiança do/a enunciador/a e o/a leva a escrever uma **carta-denúncia** ao Ministério Público do Trabalho para descrever o crime que testemunhou na casa de seu/sua colega e defender os direitos daquela funcionária. A proposta não define se se trata de um *crime trabalhista* ou se se trata de um crime de desrespeito aos *direitos humanos.* É a partir da leitura dos textos da coletânea – e em consonância com seu projeto de texto – que o/a enunciador/a deve decidir qual crime pretende descrever como denúncia em seu *texto descritivo e argumentativo,* escrito em uma linguagem formal por um/a interlocutor/a que deseja justiça.

O texto 1 fornece o número de pessoas que foram resgatadas de condições de trabalho análogas à escravidão no primeiro semestre de 2023: 1.443 resgates em 174 ações – o maior resultado dos últimos 12 anos, em razão do aumento das denúncias e da fiscalização no atual governo. O texto 2 apresenta o depoimento de uma empregada doméstica, resgatada em 2021, após 50 anos de trabalho em uma casa de condomínio no Rio de Janeiro. Sem salário, sem carteira assinada, sem férias e sem um quarto para dormir, ela "passava o tempo todo fazendo o serviço de casa e não podia parar para sentar porque a patroa reclamava". A vítima confessa ainda que era agredida fisicamente pela patroa. Assim, enquanto o texto 1 faz referência à libertação de trabalhadores rurais nas vinícolas do Rio Grande do Sul, o texto 2 se refere à libertação de uma empregada doméstica na capital do Rio de Janeiro. Como se vê, a escravidão contemporânea no Brasil é um crime praticado tanto contra trabalhadores rurais quanto contra trabalhadores urbanos, tanto contra homens quanto contra mulheres; a grande maioria, pessoas pretas ou pardas, como personifica Tia Nastácia, no texto 3.

Tia Nastácia, a querida cozinheira do *Sítio do Picapau Amarelo,* obra de Monteiro Lobato, é um exemplo clássico da empregada doméstica preta que se tornou uma agregada da família branca de classe média. No texto 3, tia Nastácia aparece na cozinha, seu local de trabalho, abraçada por duas crianças brancas e uma boneca: Pedrinho, Narizinho e Emília. Nastácia mora no sítio da D. Benta e também é considerada "parte da família", uma espécie de "tia" que gosta de contar histórias para as crianças e cozinhar quitutes irresistíveis, como seus famosos bolinhos. Tal presença do/a agregado/a nas casas das famílias brasileiras é herança da escravidão, que se transfere de geração em geração "dentro dos homens", formando uma "ralé de novos escravos", conforme nos adverte Jessé de Souza, no texto 4. Segundo o sociólogo, mesmo que a escravidão não exista formalmente, ela permanece nas dinâmicas familiares da classe média que transfere as "tarefas domésticas, sujas e pesadas" da casa e os "cuidados com os filhos" para as empregadas mal remuneradas, que continuam exercendo o seu papel secularmente servil, tal como Tia Nastácia do texto 3.

O texto 5 revela a mentalidade dessa classe média que finge ser amiga da sua empregada doméstica para manter a paz no lar. Nele, a empregada é comparada a um "bicho bravo" e por isso deve ser "amaciada", "domesticada", paparicada com presentes, como um "rádio", por exemplo, para que assim se sinta como "parte da família": eis o cinismo no uso do pronome "nós". O texto 5 foi extraído de um "guia prático da mulher independente" dos anos 1970, no qual se ensinavam "truques" para "transformar sua empregada doméstica em auxiliar responsável e amiga da dona de casa". Interesses escusos como esse escondiam a verdadeira intenção do/a empregador/a: manter a empregada doméstica alienada, mas feliz, enquanto seus empregadores ganhavam tempo para investir em um aprendizado qualificador, conclui Jessé de Souza no texto 4.

O texto 6, por sua vez, apresenta dados divulgados pelo IBGE que mostram retrocessos nas garantias conquistadas pelos trabalhadores domésticos, dez anos após a aprovação da PEC das Domésticas. A presidenta do Sindicato dos Trabalhadores Domésticos do Rio de Janeiro, Maria Izabel Monteiro, destaca que o "trabalho doméstico não é favor, é uma profissão"; logo, se a elite brasileira quer ter empregados em suas casas, deve cumprir todos os direitos trabalhistas, começando por assinar as carteiras de trabalho das empregadas domésticas.

Para atender ao primeiro comando da prova, qual seja, (a) descrever uma situação testemunhada na casa de seu colega que pode ser considerada crime, o/a candidato/a poderia se valer dos textos 2, 3 e 6 da coletânea. Se o seu projeto de texto optasse por descrever um *crime trabalhista*, poderia se apropriar do depoimento de Vera (nome fictício, texto 2) ou mesmo do exemplo de Tia Nastácia (texto 3) para denunciar os direitos sonegados às empregadas domésticas, mesmo após a aprovação da PEC das Domésticas em 2013 (texto 6).

Se o seu projeto de texto optasse por descrever um *crime contra os direitos humanos*, o depoimento da empregada doméstica resgatada em 2021 (texto 2) poderia ser novamente mobilizado, já que há ali o relato da violência física e psíquica praticada pela patroa contra Vera (nome fictício), além de outras denúncias que atestam o desrespeito à sua dignidade de pessoa humana. Para atender ao segundo comando da prova, isto é, (b) argumentar no sentido de defender os direitos daquela empregada doméstica, o/a candidato/a poderia acessar diretamente o texto 6 e advogar pelo respeito à profissão do trabalho doméstico, o que implica cumprimento de todos os direitos trabalhistas (carteira assinada, férias, 13º salário, seguro-desemprego, pagamento de hora extra etc.).

A banca elaboradora espera que os/as candidatos/as façam uma *leitura crítica* desta proposta; desse modo, serão bem avaliados os textos em que, ao defender os direitos "daquela" empregada doméstica – e, por extensão, "de todas" as empregadas domésticas do Brasil –, sejam apresentados também argumentos que demonstrem conhecimento histórico e reflexão sociológica, tal como sugerem os textos 3, 4 e 5 da coletânea. É fundamental que o/a enunciador/a da carta-denúncia compreenda a escravidão contemporânea no Brasil (texto 1) como uma herança colonialista e patriarcal (textos 3, 4 e 5) sustentada por integrantes das classes média e alta que fazem questão de manter as estruturas da "casa-grande & senzala" para gozar de seus privilégios (textos 4 e 5). Os casos de trabalhos análogos à escravidão não aumentaram no século XXI; na verdade, eles sempre existiram, desde os primeiros anos pós--Abolição. O fato é que, atualmente, eles têm sido denunciados (texto 1), tal como fez a vizinha de Vera (texto 2), tal como está fazendo o/a enunciador/a nessa carta-denúncia.

Proposta 2

A **segunda proposta** de redação coloca o/a candidato/a na situação de um/a enunciador/a que representa a delegação brasileira no MONUEM (Modelo de Simulação da ONU para Ensino Médio), projeto do Ministério das Relações Exteriores que realiza, nas escolas da rede pública de ensino de São Paulo, simulações de rodadas de negociação entre representantes da Organização das Nações Unidas. O candidato/a-enunciador/a, na função de delegado/a brasileiro/a, deve elaborar um **discurso** em **resposta** ao delegado húngaro: um *texto argumentativo* que será supostamente lido em voz alta em plenário. Em seu discurso, o/a então delegado/a brasileiro/a deve atender ao primeiro comando da prova: (a) rebater a posição política da Hungria, país contrário ao acolhimento de refugiados, para, assim, atender ao segundo comando: (b) defender o acolhimento aos refugiados em apoio às boas práticas nas relações internacionais do Brasil.

REDAÇÕES 2024

Para cumprir tais tarefas, é imprescindível que o/a candidato/a leia os textos da coletânea. Por exemplo, para atender à primeira instrução, ele/a necessariamente precisa ler as declarações de Viktor Orbán (texto 2), a fim de contestar as ideias de teor xenofóbico, nazifascista, segregacionista e eurocêntrico do primeiro-ministro da Hungria, que, na lógica das organizações e negociações internacionais, são representadas pelo delegado húngaro participante do MONUEM. Orbán afirma que seu país não aceita refugiados, pois são "pessoas perigosas", "terroristas" em potencial, que ameaçam a "identidade cultural da Europa". Diz ainda que é contra a "mistura de raças" entre o europeu e o não europeu, e não quer que os húngaros se tornem um "povo misto": "Estamos dispostos a nos misturar, mas não queremos nos tornar povos mistos". Para ele, trata-se de uma "questão cultural", "civilizacional". Portanto, é esse discurso que o/a enunciador/a, representante do Brasil no contexto geopolítico, deve refutar.

Para sustentar sua argumentação, o/a candidato/a pode se valer dos textos 1 e 3 da coletânea para defender, por exemplo, a *questão humanitária* implicada na *situação dos refugiados*. Como bem descreve o texto 1, "são pessoas que estão fora do seu país" por motivos de perseguição, conflitos ou violências outras, por isso "necessitam de proteção internacional". Já o texto 3 denuncia o perigo envolvido nas viagens ilegais desses imigrantes: são homens, mulheres, crianças e até bebês que morrem em mares do Oriente e do Ocidente durante as travessias. Assistir a essas tragédias anunciadas com tamanha apatia e insensibilidade parece corresponder ao comportamento xenofóbico e desumano de muitos europeus que pensam como o primeiro-ministro da Hungria.

Para atender à segunda instrução, o/a candidato/a tem a opção de se apropriar dos textos 4, 5 e 6 para argumentar favoravelmente ao acolhimento dos refugiados como uma "obrigação humanitária" (texto 4), e também como um princípio ético de civilidade e cidadania, tal como rege o Artigo 4º da nossa Constituição Federal (texto 5), que, ao tratar de relações internacionais, prescreve: II- a prevalência dos direitos humanos; VIII- o repúdio ao terrorismo e ao racismo; IX- a cooperação entre os povos para o progresso da humanidade; X- a concessão de asilo político. Esse último mereceu a inclusão, na prova, de um verbete em que se explica o termo "asilo político". Tais princípios constitucionais podem ser usados como argumentos para mostrar à Hungria – e, por extensão, a todos os que pensam como ela – de que forma o Brasil pensa e age no que diz respeito à sua política externa.

A obrigação humanitária e civil é cumprida no nosso país, como comprovam as estatísticas do texto 4. De acordo com pesquisa que mede a percepção dos brasileiros sobre refugiados (fonte: Ipsos), em relação à média global (33%), os brasileiros se destacam (39%) por realizar ações de apoio aos refugiados – que vão desde simples postagens em redes sociais (22%) até tentativas de contato com funcionários do governo ou assinaturas de petições (11%), ou mesmo doação de fundos em auxílio a esses imigrantes (11%). Essas também são algumas das "boas práticas nas relações internacionais" que podem ser destacadas pelo discurso do/a delegado/a brasileiro/a ao defender o acolhimento aos refugiados, conforme solicitação do segundo item da proposta.

Por fim, é possível ainda mobilizar o texto 6 para destacar os benefícios (a médio e longo prazos) dessas boas práticas de assistência pública: "o ensino gratuito de idioma local, a promoção do acesso das crianças às escolas, o reconhecimento das qualificações acadêmicas dos imigrantes e a redistribuição dos imigrantes dentro do país". Tais gastos do país anfitrião funcionam como "um investimento que pode retornar" em forma de impostos, uma vez que os refugiados são integrados ao mercado de trabalho e assim contribuem em termos fiscais com o país acolhedor.

A banca elaboradora espera que os/as candidatos/as que optaram por essa proposta leiam *seletiva* e *criticamente* a coletânea em função do seu *projeto de texto*. Serão bem avaliados os *discursos* que se apropriarem de argumentos oferecidos pela coletânea tanto para rebater a posição política xenofóbica e eurocêntrica da Hungria (textos 1, 2 e 3) quanto para defender o acolhimento de refugiados como uma obrigação humanitária e civil (textos 1, 4 e 5), tal como tem feito o Brasil em suas ações de políticas internas (texto 5) e externas (textos 4 e 6). Em suma, a situação de produção simulada nessa proposta do Vestibular Unicamp 2024 requer um/a candidato/a que discurse como um/a representante brasileiro/a em plenário na ONU, cujos argumentos devem refutar um posicionamento político para acolher outro: o de um Brasil que zela pela xenofilia, alteridade e empatia – eis o desafio.

VESTIBULAR UNICAMP 2024

REDAÇÕES DOS CANDIDATOS
PROPOSTA 1

REDAÇÃO 1

JOÃO PEDRO ALVES FERREIRA
Ensino Médio (escola particular)
Valinhos / SP
Medicina (Integral) / (1ª opção)

Escrevo esta carta ao Ministério Público do Trabalho com o intuito de denunciar um ato criminoso por mim presenciado. Ao visitar um colega de turma no final de semana, logo notei a presença de uma empregada doméstica que trabalhava incessantemente durante o dia e a noite. Meu amigo afirmou considerá-la parte da família; no entanto, a cena que testemunhei não deixou dúvidas quanto à exploração daquela mulher: quando fui à cozinha buscar um copo d'água, encontrei a empregada sendo agredida pela mãe do meu amigo, enquanto ouvia xingamentos e reclamações sobre a demora no preparo do jantar. Sensibilizado pelas condições de vida e de trabalho degradantes dessa mulher, decidi buscar mais informações sobre casos como esse, de condições análogas à escravidão, e, após compreender a gravidade dessa problemática no país, optei por redigir esse texto para expor a situação enfrentada não só por Maria, a empregada do meu colega, mas por tantas outras mulheres brasileiras.

Apesar de parecer uma realidade distante, a escravidão persiste em nossa sociedade, porém assumindo novas facetas: ter uma empregada doméstica, que realiza os afazeres braçais do espaço residencial em troca, muitas vezes, de abrigo e alimentação, é considerada uma prática comum. Exemplos como a Tia Nastácia, do desenho infantil Sítio do Picapau

Amarelo, ensinam aos futuros adultos a trivialidade de se designar o trabalho doméstico a uma mulher negra e não remunerada. Tal mentalidade, com resquícios escravocratas, retarda o cumprimento das garantias que deveriam ser concedidas às domésticas – um estudo do IBGE mostrou, por exemplo, que, na última década, houve uma queda no número de carteiras assinadas entre essas trabalhadoras. Além de deteriorar as condições atuais de vida dessas mulheres, os problemas apresentados perpetuam-nas às próximas gerações.

Entretanto, em combinação com a mentalidade social, há outro fator que julgo relevante na manutenção da problemática apresentada: a negligência estatal. Apesar do aumento no número de resgates efetuados entre 2022 e 2023, como divulgado pela Folha, ainda existem muitos avanços a serem realizados – Maria tem consciência dos direitos que deveria ter como trabalhadora, porém nunca confrontou seus patrões para obtê-los. Isso se deve ao fato de que, assim como ela, muitas mulheres temem a reação de seus empregadores, normalmente violentos, ao ato de denúncia. Assim, aliada à fiscalização ineficiente, a ausência de garantia de proteção pós-denúncia contribui para o silêncio das vítimas e a continuidade da situação de maus-tratos.

Dessa forma, acredito que, para a garantia e o exercício dos direitos de Maria e de todas as mulheres brasileiras nessa condição, é essencial uma mudança comportamental na população, bem como uma intensificação das denúncias e resgates. Espero que o Ministério do Trabalho aja em favor das domésticas e de seus direitos, de modo a garantir a igualdade entre os trabalhadores e, assim, afastar a sociedade da nem tão distante realidade escravocrata.

Atenciosamente, André

REDAÇÃO 2

JÚLIA MENDES GROSSI FERREIRA
Ensino Médio (escola particular)
Belo Horizonte / MG
Medicina (Integral) / (1ª opção)

Denúncia da inaceitável perpetuação
da escravidão na contemporaneidade

Prezado Ministro do Trabalho,

Esta carta constitui mais uma tentativa de conceder voz a cidadãos esquecidos e marginalizados em nosso país. Não sei se ela fomentará a libertação de todos os que padecem desse mal, mas quero garantir que restitua os direitos de pelo menos um deles. Em uma casa de classe média-alta, em plena Zona Sul do Rio de Janeiro, a classificação da empregada doméstica como "membro da família" constitui uma mera forma de mascarar práticas escravocratas. A funcionária mora na casa de meu amigo há quinze anos, apartada de sua família, de seus interesses pessoais e de todos os seus direitos trabalhistas. Tal situação é digna de repulsa e de ações contundentes por parte do Estado.

A persistência da exploração trabalhista, com a privação de remuneração, de garantias legais e, por vezes, do direito de ir e vir não é panorama surpreendente no Brasil. Afinal, a histórica presença da escravidão e do racismo na formação nacional condicionou a configuração de uma classe de pessoas vulnerabilizadas, contratadas para desempenhar funções degradantes a preços vis. A funcionária que busco libertar é mais uma dessas pessoas, uma mulher negra, confinada em um "quartinho de empregada" por anos a fio, sem salário, abandonada pelo poder público e considerada como um membro da família apenas quando é estritamente conveniente aos patrões.

Além de colocar fim à restrição de direitos da funcionária dessa casa, acredito que essa denúncia tem potencial de intensificar o combate a esse tipo de situação. Os resgates de pessoas em condição análoga à escravidão aumentaram sensivelmente nos últimos anos, mas sabemos que não foram os casos que cresceram: foram as denúncias. Diante disso, ainda que minha intromissão abale a relação com meu amigo, ela representa a garantia de uma vida digna à funcionária e, em última instância, mais um passo rumo à superação de um entrave enraizado na nação.

Uma vez ciente da prática de abusos em núcleo de tão próximo convívio, não posso me calar. Denuncio uma exploração de quinze anos de duração e, a par dos prejuízos financeiros, sociais e psíquicos dessa situação, solicito a intervenção do Ministério de Trabalho nessa casa. Afinal, é pelo combate a cada caso que se mitiga a complexa problemática da escravidão contemporânea. Confio na eficaz ação do Estado e aguardo a libertação dessa funcionária o mais breve possível.

Rio de Janeiro, 3 de dezembro de 2023.

REDAÇÃO 3

GABRIELLA TESCH TOLEDO CORNÉLIO
Ensino Médio (escola particular)
Mogi Mirim / SP
Medicina (Integral) / (1ª opção)

Teresópolis, 24 de setembro de 2023.

Prezado Ministério Público do Trabalho, meu nome é Mariana Santos, tenho 17 anos e envio aos senhores esta carta a fim de denunciar uma situação de trabalho análogo à escravidão na cidade de Teresópolis, mais especificamente no bairro Jardim dos Anjos, rua Maria Luiza, casa número 83. Como admiro o trabalho feito pela instituição e vi como aumentaram seus esforços este ano pelo caso das vinícolas do Sul, decidi lhes escrever essa denúncia para que as medidas cabíveis sejam tomadas no caso que relatarei.

Esta carta foi motivada pelo dia em que fui estudar para o vestibular na casa de meu colega Jorge. Ele estava entretido na resolução de exercícios, mas eu não conseguia parar de observar Dona Lucinda, a empregada doméstica da casa. Eu estava lá desde as 9h da manhã e, naquele momento, já eram 21h da noite. Mesmo assim, Lucinda continuava a trabalhar sem descanso! Eu nem a vi sentar. Como estávamos estudando os direitos trabalhistas, perguntei a meu colega como funcionava o contrato de Lucinda. Desinteressado, Jorge respondeu que tal papel não existia, pois ela era "da família" e dormia e comia ali, em um quartinho nos fundos, sem receber salário. Nunca fiquei tão chocada. Meu amigo descrevia o crime cometido por sua família naturalmente, sem perceber as condições de escravidão em que Lucinda vivia, sem carteira assinada e sem direitos. Naquele momento, soube que precisava denunciar a situação aos senhores.

Tal decisão não foi fácil, pois perderei um amigo, mas sei que não posso me abster como testemunha da violência sofrida por Dona Lucinda. Violência essa que tem origem antiga, não tendo começado na casa de Jorge. Ela começou quando nos livros que li na infância, como Sítio do Picapau Amarelo, era normalizado a Tia Nastácia fazer seus quitutes sem ser remunerada. Ela começou quando, depois da abolição da escravidão, as mesmas pessoas continuaram pobres fazendo os trabalhos domésticos "sujos" para as elites. Ela começou quando falsamente incluíam a empregada na família para "domesticá--la" como um "familiar", mesmo sem cumprirem seus direitos. Essa perpetuação da violência chegou em Lucinda que, como os senhores devem ter adivinhado, é uma mulher pobre e negra, vítima desse ciclo. É por isso que desejo quebrá-lo, mesmo que por agora seja apenas para ela. Um dia, eu me tornarei uma advogada e espero trabalhar com os senhores, pois sei que, mesmo após melhorias como a PEC das domésticas, milhares de Lucindas ainda sofrem nas mãos de seus patrões. Mas, por agora, com meus singelos 17 anos, espero que minhas palavras sejam suficientes para que os direitos de Dona Lucinda sejam cumpridos, para que seu trabalho deixe de ser tratado como um "favor" e seja visto como a profissão árdua e digna que é. Enfim, aguardo o contato dos senhores pelo número no envelope desta carta. Sinceramente, Mariana Santos.

REDAÇÃO 4

BEATRIZ ZANARDO BRANDOLISE
Ensino Médio (escola particular)
Tietê / SP
Ciências Econômicas (Noturno) / (1ª opção)

Venho, por meio desta carta, denunciar ao Ministério Público do Trabalho um caso de trabalho análogo à escravidão. Na casa de minha colega conheci Dona Benedita, a qual fazia todos os serviços da casa. Até flagrei a mãe da minha colega dando uma bronca na "Dita" porque o arroz passou do ponto. Perguntei à colega quem era aquela criatura infeliz, ao que ela respondeu: "É a nossa doméstica, é como se ela fosse da família, sabe?!".

Aquela resposta me angustiou e revoltou. Isto porque era recheada de um afeto que tenta ocultar a perversidade e esclarecia tudo. A trabalhadora é "nossa", revelando um sentimento de posse que permanece na elite brasileira mais de 100 anos após a Lei Áurea. Contudo, ela é como se fosse da família, mostrando que a exploração do trabalho doméstico é eufemizada. São várias as telenovelas que mostram a doméstica fiel e carinhosa, que nada faz além de servir. Talvez a personagem mais emblemática nessa condição seja Tia Nastácia do Sítio do Picapau Amarelo, mulher preta que oscila entre ser quase-vó e quase-escrava.

Além disso, é importante ressaltar as consequências dessa situação. Se não há tempo para descanso, o empregado está mais suscetível a danos à saúde. Porém, por outro lado, sobra tempo para os patrões investirem em atividades mais lucrativas.

Logo, consolida-se o antagonismo de classe. Também, dificilmente há carteira assinada. Em que condições essa empregada – que não sabe se é doméstica ou domesticada – vai conseguir a aposentadoria pelo INSS? Muitas vezes, a única opção é trabalhar até morrer, como nos tempos da senzala.

Por fim, espero que minha denúncia seja efetiva e resgate não apenas Dona Benedita, mas também contribua para a promoção da dignidade de todos os trabalhadores e trabalhadoras domésticos. Categoria que é historicamente oprimida e explorada e, mesmo com a PEC das domésticas a qual regularizou a profissão, continua tendo seus direitos sistematicamente violados.

REDAÇÃO 5

ISABELA RICARTES SALAZAR
Ensino Médio (escola pública)
Campo Grande / MS
Medicina (Integral) / (1ª opção)

Presidente Prudente, São Paulo, 3 de dezembro de 2023.
Ao Ministério Público do Trabalho.

Venho, por meio desta carta, relatar, em tom de denúncia, uma situação observada por mim e verificar a possível criminalidade dela. Sábado passado, em uma ocasião de estudo em grupo para o vestibular da Unicamp, eu presenciei, na casa do meu colega, um cenário de possível irregularidade quanto à empregada doméstica da casa dele, a qual trabalhou sem descanso tanto no período diurno quanto noturno. Esse acontecimento me intrigou muito, já que recentemente li na Folha de São Paulo a notícia do aumento de casos de condições análogas à escravidão e penso que esse fato pode ser um deles, uma vez que a explicação do menino foi vaga ao declarar que a senhora, chamada Sônia, morava ali e fazia parte da família.

A princípio, esse contexto, se provado maléfico, é uma violação dos direitos trabalhistas – os quais datam da Era Vargas com a criação da Consolidação das Leis do Trabalho (CLT) – e, consequentemente, da proteção do trabalhador, nesse caso a Sônia. Sob esse viés, nota-se que, embora haja o recente aumento das ações governamentais e da fiscalização do meio laboral, ainda há um longo caminho rumo à total retificação dele frente à negligência generalizada por parte da população. Além disso, a banalização de tal tratamento é um grande empecilho nessa luta. Assim, a exemplo da Tia Nastácia – personagem do Sítio do Picapau Amarelo escrito por Monteiro Lobato – e da normalização dessa relação na literatura e em outros meios culturais, o cuidado de trabalho invisível realizado pelos empregados domésticos pode evoluir para a violação criminosa dos direitos humanos.

Sob tal ótica, vê-se também a violação da dignidade humana prevista no artigo I da Constituição Federal e a herança histórica por trás da relação trabalhista citada. Desse modo, séculos de escravidão no Brasil provocaram sequelas sociais as quais corroboram a perpetuação desse arquétipo laboral, ainda que velado. A, anteriormente, "coisificação" do escravo evoluiu para a impessoalidade entre patrão e subordinado, a qual permite que a população em situação de minoria de raça, gênero e/ou classe social seja vulnerável ao trabalho análogo à escravidão e ao cerceamento da liberdade, dos direitos e da própria vida – o que vai de encontro ao lema iluminista originado na Revolução Francesa: Liberdade, Igualdade e Fraternidade.

É pela soma dos fatores citados que eu peço a fiscalização do caso da Sônia e a garantia dos seus respectivos direitos, além da perpetuação das ações em prol da harmonia e da legalidade do meio trabalhista, em especial o doméstico. Quantas outras "Sônias" existem no país, sem a integridade pessoal fulcral a todo ser humano? Que o Ministério Público do Trabalho continue dando voz e mudança de cenário a elas. Qualquer outra informação necessária do caso, contate-me pelo correio eletrônico: alunodedicado@org.com.

Cordialmente,
Aluno Dedicado

REDAÇÃO 6

MARIANA GENUÍNO TORRES
Ensino Médio (escola particular)
Brasília / DF
Medicina (Integral) / (1ª opção)

Ao Excelentíssimo Senhor Ministro do Trabalho,
Venho por meio desta denunciar uma situação ilegal que presenciei ao visitar a casa de meu colega de classe. Senhor Ministro, sou vestibulanda e cidadã ativa dos direitos humanos e o que presenciei é, simplesmente, tenebroso. Deparei com uma funcionária que morava nessa casa e era considerada parte da família, mas que não era livre para morar em sua própria residência, nem tinha carteira de trabalho assinada, era cerceada em seu direito de ir e vir, de férias remuneradas e ainda era paga com um baixo salário e maus-tratos verbais. É de se esperar que essa situação seja do século XV, mas é de 2023.

À vista disso, venho ressaltar que, apesar de a abolição ter ocorrido em 1888, o século XXI carrega traços dessa mazela dentro de muitas casas brasileiras, mascarada pelo serviço doméstico. Uma prova disso é que, em 2023, 1.443 pessoas em condições análogas à escravidão foram resgatadas pelo Ministério do Trabalho e do Emprego. Esse serviço é uma herança passada entre gerações desde o Período Colonial e ainda permeia os costumes da Casa-Grande e Senzala, nos quais a classe privilegiada vive bem na Casa-Grande e os escravizados e trabalhadores sofrem na senzala. Assim, há a herança dos papéis servis para os empregados domésticos que sofrem maus--tratos e têm seus direitos trabalhistas negados.

Ademais, Senhor Ministro, é preciso evidenciar que alguns desses abusos sofridos pela classe das domésticas é mascarado por "truques práticos" adotados pelas donas de casa para que o funcionário não perceba a violência. Dessa forma, chamar o empregado como "parte da família" é uma forma de opressão que impede o trabalhador de lutar pelos seus direitos, como a carteira assinada, pois o impede de ir contra "sua família". Isso foi comprovado por dados recentes divulgados pelo Instituto Brasileiro de Geografia e Estatística (IBGE), que mostraram queda no número de carteiras assinadas de trabalhadores domésticos em 2023.

Logo, deve-se fazer cumprir os direitos trabalhistas dos trabalhadores domésticos para que toda a sociedade possa viver em harmonia. Por isso, peço resgate dessa empregada doméstica, pois ela, assim como todos, merece ter seus direitos e liberdades garantidos pelo Estado. Para mais informações sobre os dados dessa mulher, peço que entre em contato.

Respeitosamente.

REDAÇÃO 7

GABRIELA FERNANDES LIMA
Ensino Médio (escola particular)
Jaguariúna / SP
Ciências do Esporte (Integral) / (1ª opção)

Carta-denúncia ao Ministério Público do Trabalho

Redijo este documento com o intuito de denunciar a situação de uma empregada doméstica em condições de trabalho análogo à escravidão às autoridades públicas. A trabalhadora está sendo mantida desde seus 18 anos na casa de seus patrões, o casal Henrique e Jennifer Ebberheart, nos limites de Búzios, Rio de Janeiro.

Tive conhecimento da conjuntura degradante de exploração de Lúcia Gimenes da Silva, de 39 anos, trabalhadora doméstica negra, após visitar uma colega de classe durante o fim de semana – para fins acadêmicos –, em sua casa, residência na qual Lúcia mora e trabalha. Considerada "parte da família" pelos residentes – em uma clara explicitação de violências simbólicas amaciadas sendo acobertadas por relações afetivas falsas –, a trabalhadora sobrevive diariamente há décadas em meio a diversas violações da lei por parte de seus patrões – cuja família é pertencente a um núcleo branco de classe média-alta carioca. Durante a minha breve presença na residência dos Ebberheart, testemunhei ao adentrar a "área de serviço" da casa, enquanto procurava por um banheiro, a patroa Jennifer da Costa Ebberheart ameaçando retirar integralmente o salário da empregada e, acima de tudo, proferindo xingamentos racistas e outras falas desumanizantes contra Lúcia. Frente a tais crimes, imediatamente saí da residência e busquei por meios legais para denunciar a conjuntura e a família Ebberheart, evidentemente criminosa, aos órgãos públicos.

Exigi respostas à minha colega sobre Lúcia e, em face de mais exemplos de explorações – como o miserável "salário" de 500 reais mensais recebido pela empregada, mantida trabalhando o dia e a noite, impedida de visitar sua família e restrita a morar em um cubículo sujo nos fundos da casa –, demando que as autoridades libertem a trabalhadora das referidas condições, tão espantosamente similares ao cotidiano da sociedade oitocentista escravocrata brasileira. Lúcia, um ser humano, está, neste exato momento, tendo sua humanidade negada, submetida às vontades de seus patrões, em um perfeito retrato da realidade violenta do Brasil em relação às empregadas domésticas, com seus direitos humanos e trabalhistas violados diariamente.

REDAÇÃO 8

JÚLIA EMILLE ALVES DOS SANTOS
Ensino Médio (escola particular)
Brasília / DF
Medicina (Integral) / (1ª opção)

03 de dezembro de 2023, Brasília – DF.
Respeitável Ministro do Trabalho,

Há cerca de uma semana, fui convidado a estudar na casa de um colega e, como o conteúdo era extenso, permaneci lá até a madrugada. Nesse meio-tempo, notei algo peculiar, a empregada doméstica, cujo nome é Maria, estava lá desde quando cheguei e continuou trabalhando até o momento em que fui embora. No dia seguinte, questionei o meu colega acerca desse episódio e ele me respondeu dizendo que a Maria morava na casa havia anos, chegara antes mesmo de ele nascer, vira-o crescer e, por isso, já era "parte da família".

Diante desse comentário alarmante, lembrei-me que, enquanto estudávamos, escutei Maria perguntar à patroa, mãe do meu colega, se poderia ir ao hospital, pois havia cortado a palma da mão com a faca, quando preparava o jantar. Fiquei perplexo ao ouvir a mãe desse meu colega negar o pedido de Maria sob o argumento de que havia visita em casa. Portanto, ministro, em face dessa violação dos direitos humanos e trabalhistas, redijo esta carta com o objetivo de denunciar a situação exploratória sob a qual Maria e, certamente, diversas outras empregadas domésticas são submetidas diariamente no Brasil. Nesse cenário, senhor, pontuo que contextos semelhantes ao relatado acima se perpetuam na atualidade em razão de o trabalho doméstico ser, com frequência, visto como um favor e não como uma profissão, concepção que é uma herança da lógica de exploração proveniente do período em que o trabalho forçado era legal no Brasil e que se transfere de geração em geração, de modo a consolidar uma classe que é condenada eternamente a desempenhar os mesmos papéis secularmente servis.

Consequentemente, é comum observar casos de condições de trabalho análogas à escravidão nas residências do país, em que não só direitos trabalhistas são violados, mas, também, direitos humanos e sociais, uma vez que, não raro, há relatos de casos de violência física praticada contra empregadas domésticas nesses espaços. Além disso, creio ser de equivalente importância expor, senhor ministro, a desumanização pela qual diversas empregadas domésticas são submetidas em muitos lares do país. Nesse contexto, é frequente a concepção de que essas mulheres devem ser "domadas" e "domesticadas" com o objetivo de exercerem suas funções de maneira eficiente, processo que perpassa ataques contra a dignidade e a integridade humana.

Diante do exposto, respeitável ministro, defendo que o Ministério do Trabalho e Emprego continue ampliando a fiscalização das condições de trabalho no Brasil para que mais trabalhadores encontrados em situações degradantes, como Maria, sejam libertos desses contextos.

Atenciosamente.

REDAÇÃO 9

*BEATRIZ APARECIDA KRAHEMBUHL MIGUEL
DAMACENO*
Ensino Médio (escola particular)
Indaiatuba / SP
Medicina (Integral) / (1ª opção)

Campinas, 03 de dezembro de 2023.
Senhor Ministro do Trabalho,

Venho, por meio desta carta, denunciar ao Ministério Público do Trabalho a inadmissível situação, característica do período colonial, que presenciei em pleno século XXI. No ano em que a grande mídia foi tomada por escândalos envolvendo trabalhadores encontrados em situações degradantes, em condições análogas à escravidão, eu não imaginava que pudesse presenciar esse tipo de relação. Porém, fui surpreendida no último final de semana, quando, após ser convidada por Felipe, meu colega de classe, para estudar em sua casa, conheci a casa dos Carvalho, família tradicional de Campinas, ligada à aristocracia cafeeira no passado.

Chegando ao local, fui muito bem tratada por todos, principalmente por Lurdes – a empregada. A mulher estava a todo instante trabalhando. "Lu", como era chamada, não parava sequer para conversar conosco durante as refeições, dizia estar atarefada e que já havia se alimentado. Aquele movimento acelerado me trouxe certo desconforto, resolvi questionar Felipe sobre a quase onipresença da mulher. Foi aí que me surpreendi, recebi a pior resposta possível, o garoto disse: "A Lu mora aqui!

Por isso passa o dia todo, ela é praticamente parte da família". Nesse momento, senti meu estômago revirar, logo lembrei das aulas de atualidades sobre condições de trabalho, motivadas pelo caso descoberto nas vinícolas do Rio Grande do Sul. Em seguida, pensei no exemplo da figura de "Tia Nastácia" do "Sítio do Picapau Amarelo", utilizada pelo professor para demonstrar estratégias dos patrões para manter aquela condição de exploração. Tia Nastácia não era da família, Lurdes também não.

A partir daquele momento, eu não conseguia pensar em outra coisa. Durante a noite fui atrás da mulher e descobri coisas que me impulsionaram a escrever esta carta. Ao contrário do que prevê a Emenda Constitucional aprovada em 2013, PEC das Domésticas, Lurdes não recebe salário, não possui carteira assinada e nem direito a férias. Como um desabafo, me contou que não vê a família desde 2010, disse que a patroa não permite visitas. Sem descanso, sem dinheiro e sem escolhas, Lu parece estar presa a uma estrutura que deveria ter sido encerrada 135 anos atrás, com a Lei Áurea. As condições de trabalho, bem como o cerceamento vivido por ela, constituem crime. Portanto, faço essa denúncia e peço que medidas sejam tomadas pelo senhor ministro, bem como por toda a equipe do Ministério Público do Trabalho, para que Lurdes tenha seus direitos resguardados, e os responsáveis por essa situação sejam julgados. Solicito, ainda, o anonimato.

Agradeço desde já,
Denunciante anônimo.

REDAÇÃO 10

OTÁVIO CASTELHERO GUGLIELMI DIANA
Ensino Médio (escola particular)
Guarulhos /SP
Engenharia Física/Física/Física Médica e Biomédica/
Matemática/Matemática Aplicada e Computacional (Integral)
(1ª opção)

Caro Ministro, meu nome é "X", sou estudante no 3º ano do Ensino Médio e apresento-me a ti por meio desta carta a fim de denunciar um trabalho análogo à escravidão, do qual fui testemunha. Peço, encarecidamente, ao Ministério Público do Trabalho, que analise minha denúncia e defenda os direitos de uma empregada doméstica a qual é uma das diversas vítimas da escravidão contemporânea no Brasil.

No dia "Y", após o término das aulas, fui à casa de um colega de classe, já que havíamos combinado de estudarmos juntos para os vestibulares futuros, e percebi a presença de uma empregada doméstica. Notei que a senhora trabalhou, no mínimo, dentre as 11 horas (horário em que chegamos na casa) e as 22 horas, parando apenas para dormir e almoçar uma comida diferente da qual a família saboreava, em uma mesa distante da qual a família estava sentada. A empregada parecia estar infeliz e cansada; contudo, estava nitidamente acostumada. Fiquei perplexo com a situação à qual eu assistia, então decidi questionar meu colega sobre a convivência entre eles, e o garoto me respondeu que consideravam ela "parte da família", como uma "tia" que o viu crescer, já que ela começou a trabalhar na casa quando ele tinha 3 anos de idade.

Após perguntar-lhe sobre a relação que a família tinha com a senhora, achei que o mais justo a se fazer seria perguntar para ela também. Não me surpreendi com a resposta. Uma mulher preta explorada por uma família branca em troca de moradia e alimento sentir-se invisível e desvalorizada não é uma situação incomum. Apenas expôs o que uma política escravista e uma abolição tardia, sem projeto de inclusão da população preta na sociedade, refletem nos tempos atuais. Ela desabafou que migrou de Pernambuco para São Paulo em busca de uma melhor condição de vida e, aqui, deparou com a troca de seu trabalho braçal doméstico pela sobrevivência. Não tem férias, não tem horário de trabalho definido, não recebe sequer um salário mínimo, não tem filhos, não tem voz, não tem direitos, mas tem que sobreviver, e, para isso, há 14 anos convive com esse roteiro condizente com o Brasil colonial.

Desse modo, de acordo com o relato da senhora que se mostra vítima de diversos crimes, e com base no que presenciei no dia Y, referente aos diversos fatores citados os quais indicam que a mulher exerce um trabalho análogo à escravidão, e ainda sofre com a romantização da sua participação na casa por parte dos membros da família, exijo que os direitos dessa mulher, empregada doméstica, sejam defendidos. Destarte, por meio desta carta, denuncio a família do meu colega de classe por esses crimes. Atenciosamente, "X".

REDAÇÃO 11

MARIA VITÓRIA BEGNOSSI
Ensino Médio (escola particular)
Catanduva / SP
Medicina (Integral) / (1ª opção)

Campinas, 03 de dezembro de 2023.
Caro Ministério Público do Trabalho

Meu nome é Ana e venho, por meio desta carta, denunciar uma situação de trabalho análogo à escravidão com a qual deparei nesse final de semana. No sábado, fui à casa de minha amiga Bruna para fazermos uma revisão final para o vestibular da Unicamp. Enquanto resolvíamos alguns exercícios, percebi que a família tinha uma empregada doméstica, negra, a qual constantemente passava por nós, seja limpando o chão, seja tirando o lixo. Um pouco antes de ir embora, fui ao banheiro e, no corredor, deparei com a mulher em prantos. Ao conversar com ela, soube que se chama Glória e que, além de morar com a família há 14 anos, não possui carteira assinada ou qualquer direito garantido, situação depois confirmada e justificada por minha colega, que a considerava "parte da família". Em vista disso, quero denunciar a terrível situação em que Glória se encontra e o crime do qual é vítima.

Embora saiba que o pai de minha amiga seja muito influente na cidade, vejo-me na obrigação de denunciá-lo e de defender a empregada da família. Semanas atrás, li no jornal Folha de S. Paulo que os casos notificados de escravidão contemporânea quase dobraram de 2022 para o corrente ano, provavelmente por causa de mais denúncias contra esse crime. Dessa feita, como uma jovem estudante e cidadã preocupada com os direitos das pessoas, motivo-me a colaborar na luta pela garantia dos direitos de Glória.

De fato, a luta de classes não acontece somente nas fábricas, como primeiro teorizou Karl Marx. Na contemporaneidade, ela também se encontra infiltrada nas relações empregatícias das domésticas, sendo, portanto, uma luta de classes silenciosa. Tal processo se expressa, por exemplo, na violência com que tais trabalhadoras são tratadas, a qual resulta de múltiplos preconceitos, como misoginia, racismo e aporofobia por parte dos patrões. É inegável que a grande maioria das empregadas são mulheres negras e pobres, as quais são inferiorizadas, invisibilizadas e exploradas pela classe da elite, que, ao relegar aos pobres o trabalho do lar, consegue mais tempo para se dedicar aos próprios negócios e, assim, acumular capital, processo que pode ser considerado um roubo do tempo dos menos favorecidos socialmente. Até na literatura infantil esse cenário está presente, a exemplo de Tia Nastácia, a negra do "Sítio do Picapau Amarelo" – ela é serva, condenada a cozinhar e a limpar a casa, sem descanso. Com efeito, tal história, ainda contada atualmente, corrobora a perpetuação de Nastácias, mulheres que são "da família" apenas na hora do trabalho braçal, pois, de resto, elas vivem tal como uma escrava, com péssimas condições de vida, muitas vezes dormindo em cubículos precários. Soma-se a isso a ausência de direitos a férias, ao descanso, ao lazer e ao salário, em uma impiedosa violência.

Nesse contexto, denuncio veementemente a situação de Glória, esperançosa pelo seu resgate e pela sua reinserção no mercado de trabalho formal, com carteira assinada e direitos garantidos, a efetivar sua dignidade. Espero, também, pela punição dos envolvidos. Certa de que serei atendida, agradeço a atenção.

REDAÇÃO 12

SABRINA MARIN DE SOUSA
Ensino Médio (escola pública)
Barueri / SP
Medicina (Integral) / (1ª opção)

Caras autoridades públicas,

Venho, através desta carta, denunciar mais um caso de descaso perante as empregadas domésticas. Esse caso, que observei com meus próprios olhos, me horrorizou. Pude ver uma mulher, a dona Neuza, ser esvaziada de sua subjetividade para servir a uma família, que usava argumentos como "ela também faz parte da família" para justificar ela viver e trabalhar para eles a todo momento, sem que o resto do mundo veja a violência disso. Essa situação é criminosa e não podemos virar os rostos e fingir que nada aconteceu. Como é possível naturalizar uma mulher ser acordada no meio da madrugada, horário fora de seu expediente, para servir sua patroa, que estava com preguiça demais para fazer um copo de suco para ela mesma, sem que seja paga, ao menos, uma hora extra? Isso nunca aconteceria em outro trabalho e, como se tudo isso fosse pouco, ela não tem férias, não sai para ver sua família, vive em função do trabalho e não tem uma carteira assinada, garantida pela PEC das domésticas.

Cenários como esse não podem continuar, a situação de trabalho da doméstica foi regularizada, mas muitas pessoas ainda vivem nas sombras do trabalho compulsório. E isso, que afeta a dona Neuza, é um reflexo do colonialismo, que desvaloriza o trabalho braçal e cria o "quartinho da empregada", semelhante à casa grande-senzala, tornando normal a subalternidade, que até a década de 70 era tão natural que existiam matérias que tratavam empregadas domésticas como um cão a ser domado, ensinando como deixá-las mais dóceis, e todos esses comportamentos não eram considerados repressão. Tudo que retratei, que era uma realidade em décadas passadas, ainda é real para Neuza e para muitas outras, que, além de tudo que sofrem, muitas vezes, abrem mão de criar seus filhos para cuidar dos filhos dos chefes, oferecendo todo amor e carinho e representando um papel importantíssimo, mas recebendo em troca apenas um salário mínimo e a ideia de que deveria estar totalmente agradecida, afinal, deram uma cama para dormir e viver para eles, assim como acontece nessa casa para quem Neuza trabalha.

Me marcou muito precisar fazer um relato como este, porém preciso dar voz àqueles que não podem se defender. Pessoas que estão nessas condições são vulneráveis e não conseguem se libertar das amarras desse sistema de repressão. Existem muitas Neuzas por aí, que são vítimas dessa máquina de exploração, e precisamos fazer a defesa de suas liberdades, os responsáveis por esses maus-tratos devem ser contabilizados. Usar frases que justifiquem a desvalorização da mão de obra e dedicação completa ao trabalho como "ela é da família" não será mais aceitável, e vou fazer de tudo para que esse caso seja acompanhado e Neuza tenha sua defesa. Por fim, deixo os dados da família: Moram na Rua Copacabana, 999, Rio de Janeiro; Nome completo da empregada: Neuza Silvério Bandeira; responsável pela casa: Raul Pompeia. Agradeço ao Ministério do Trabalho a atenção e garanto que acompanharei todas as atualizações.

Ass. Capitu

REDAÇÃO 13

LETÍCIA KIRASUKE DE MENEZES
Ensino Médio (escola particular)
Sumaré (SP)
Medicina (Integral) / (1ª opção)

03 de dezembro de 2023. Campinas – São Paulo.
Ao Ministério Público do Trabalho,

Estou escrevendo esta carta para denunciar um crime trabalhista que presenciei na casa de um amigo. Sou uma estudante do Ensino Médio e fiquei hospedada na casa da família desse colega num final de semana do mês passado com o objetivo de estudar para os exames do vestibular. Durante minha estadia, notei a presença de uma empregada doméstica que trabalhava sem pausas (cozinhando, limpando cômodos e fazendo compras de comidas e produtos de limpeza), obedecendo a ordens dos pais desse colega. Quando perguntei ao meu amigo sobre o horário e o ritmo atípicos de trabalho da funcionária, ele disse que a mulher morava na casa deles, que era considerada parte da família e, como forma de retribuir o "cuidado" da família, ela realizava os afazeres domésticos.

Acredito que essa situação seja considerada um crime, pois essa empregada, segundo meu colega, não possui carteira de trabalho assinada – um direito que ela, como profissional, tem e que deve ser respeitado – e vive, pelo que testemunhei, um caso de trabalho análogo à escravidão. Tendo presenciado essa situação de injustiça e observando em notícias o aumento do número de trabalhadores resgatados de condições de trabalho análogo à escravidão pelo Ministério do Trabalho, decidi cumprir meu papel como cidadã e denunciar esse crime para que essa mulher seja, também, resgatada. Não posso me calar diante dessa situação, pois meu silêncio representaria a continuidade da exploração dessa mulher negra por uma família rica e branca, um retrato do passado histórico escravocrata brasileiro em 2023.

Compreendo que as empregadas domésticas cumpram um importante papel no cuidado do lar, especialmente em lares nos quais os empregadores dessas profissionais tenham empregos que requerem grande investimento de tempo e de energia, mas é inaceitável que sejam roubados da classe trabalhadora das empregadas – e dessa mulher – a liberdade de ir e vir, o direito a carteira de trabalho assinada e a possibilidade de ter um futuro melhor, já que essa empregada e tantas outras vivem nessa situação de cárcere que é maquiada e vendida por essa família e tantas outras como uma relação de cumplicidade e troca de favores. Espero que investiguem esse caso rapidamente, pois todos os direitos trabalhistas e a liberdade dessa mulher estão sendo privados pela família de meu colega. O endereço da casa é: Rua X, número Y. Ajudem-na como ajudaram tantos outros trabalhadores explorados e continuem a ajudá-los para que seja rompido esse histórico abuso e exploração de pessoas negras em vulnerabilidade socioeconômica.

REDAÇÃO 14

BIANCA CONRADO ONA SANTELLA
Ensino Médio (escola particular)
Campinas / SP
Medicina (Integral) / (1ª opção)

Caros Ministros,

Meu nome é Luís Fernando e eu gostaria de prestar uma denúncia de uma situação a qual testemunhei, nesse final de semana, da ocorrência de um trabalho análogo à escravidão. Nessa sexta-feira (10) cheguei à casa de meu colega de escola por volta das 22:30. Ao me recepcionar, ele me perguntou se eu estava com fome, no que eu assenti. Nisso, ele foi até as escadas e gritou para que a "Vó Lúcia" acordasse e cozinhasse para a gente. Quase que no mesmo instante, subiu uma senhora muito simpática, ainda que sonolenta. Conversando com ela foi que eu descobri que a situação de Dona Lúcia se assemelhava ao trabalho escravo: as suas descrições a respeito de sua relação com a família, ainda que com certa afetividade, parecem-me muito com trabalhos servis, em que ela deve estar sempre preparada para servir qualquer membro da casa, a qualquer momento. Ela me contou ainda que não ganha financeiramente com o trabalho, mas recebe "comida e cama", ou quase isso, porque seu dormitório fica no porão da casa, "lugar mofado, mas muito silencioso, apesar do colchão estar me dando dor nas costas". Depois do meu espanto com as confissões tão naturalizadas pela vítima, passei a prestar atenção no tratamento, principalmente de dona Daniela com a dona Lúcia, sempre muito grosseira e impaciente, e em determinadas situações até gravei alguns áudios, a fim de auxiliar na comprovação de minha denúncia, que já tinha em mente naquele momento.

Tenho, portanto, plena convicção de que dona Lúcia vive uma situação análoga à escravidão. A exploração física e emocional à qual ela está submetida, através dessa servidão exaustiva e de tratamentos ríspidos, permeada pela romantização de uma narrativa de "agregada da família", impedem-na de recorrer aos direitos, caracterizando o trabalho escravo contemporâneo. Toda trabalhadora doméstica deve receber as condições próprias de um trabalho, como receber um salário, horários de trabalho preestabelecidos (ao contrário de dona Lúcia, que fica ao dispor de seus patrões 24 horas por dia). Além disso, devem ser reconhecidas as condições mínimas para o exercício da sua profissão, com um dormitório adequado e relações de respeito, somadas às ofertas de direitos jurídicos como a carteira de trabalho assinada e férias remuneradas.

O trabalho de dona Lúcia não condiz com os direitos que lhe deveriam ser assegurados, demonstrando o caráter exploratório da situação análoga à escravidão. Devido ao choque que tive ao presenciar essa relação desumana de abuso, decidi recorrer ao Ministério Público do Trabalho para denunciar e obter a justiça e a libertação de Dona Lúcia. A casa onde ela se encontra localiza-se dentro do condomínio Jardins, Rua Pinheiros, 922, cuja anfitriã atende por Daniela.

REDAÇÃO 15

JULYA FUMAGALLI SANTOS
Ensino Médio (escola pública)
São Paulo / SP
Medicina (Integral) / (1ª opção)

Campinas, São Paulo, 13 de dezembro de 2023.

Caros funcionários do Ministério Público do Trabalho,
No fim de semana passado, passei algumas horas na casa da família Leão Matos estudando com o filho mais velho de Beatriz Leão Matos e deparei com Maria, uma senhora negra na faixa dos sessenta anos de idade que passa o dia inteiro realizando as tarefas domésticas do lar. Assim, venho denunciar, por meio desta carta, o que acredito ser um caso de uma pessoa em condições análogas à escravidão.

Essa minha denúncia foi motivada por uma situação presenciada por mim na casa da família Leão Matos. Por volta das 18 horas do sábado passado, Maria saiu para colocar o lixo para fora e passou um tempo conversando com uma vizinha na rua, conforme observei pelas janelas da sala. Quando Maria retornou para o interior da casa, foi recebida aos gritos por Beatriz, que havia ficado brava com o fato de a senhora ter conversado com a vizinha. Perguntei, então, ao filho de Beatriz o porquê de sua mãe ter ficado furiosa com uma situação tão banal, e ele me disse que Maria quase não sai de casa e não conhece outras pessoas para além da família e que a mãe provavelmente estava preocupada com a idosa dada a ingenuidade desta. Questionei também há quanto tempo Maria trabalhava na casa, e ele me respondeu que a senhora não era empregada da casa, mas "parte da família" desde que sua avó a "acolhera" quando Maria tinha 13 anos. Portanto, nessa conversa com o filho de Beatriz, descobri que Maria é isolada do restante da sociedade e não recebe salário pelas tarefas domésticas que desempenha na casa.

Isso me leva a crer que a família Leão Matos está cometendo um crime, isto é, fazendo Maria ser uma vítima do trabalho análogo à escravidão. Nessa conjuntura, recorro ao Ministério Público do Trabalho para retirar Maria dessa situação, na qual a perpetuação de uma mentalidade escravocrata nas relações interpessoais afasta uma mulher negra de seus direitos, humanos e trabalhistas. O Poder Público precisa intervir, porque Maria está sendo desumanizada pela família Leão Matos ao ter sua liberdade cerceada e ao ser censurada do convívio social, ou seja, Beatriz e os demais, com o discurso "parte da família", tratam a idosa como um pássaro domesticado engaiolado. Além disso, Maria precisa ser resgatada, pois a família Leão Matos não reconhece as tarefas realizadas pela senhora como trabalho e, com isso, garantias laborais, como remuneração e descanso, são violadas, o que condena Maria a uma posição servil degradante. Logo, defendo que o Ministério aja em favor de Maria, para que ela saia dessa situação e conquiste liberdade e dignidade.

Atenciosamente, Arthur Silva

VESTIBULAR UNICAMP 2024

REDAÇÕES DOS CANDIDATOS
PROPOSTA 2

REDAÇÃO 16

MARIANA LOPES DA CUNHA MENOSSI TEIXEIRA
Ensino Médio (escola particular)
Campinas / SP
Ciências Biológicas (Integral) / (1ª opção)

Bom dia, caros delegados. Inicialmente, a delegação brasileira gostaria de agradecer o tempo concedido, hoje, para a realização deste discurso e declara que prezará, sempre, por um debate respeitoso. Dito isso, senhores, iniciarei com um questionamento: em que momento passamos a permitir, neste ambiente diplomático, falas recheadas de racismo, de xenofobia, e de tamanha falta de cooperação mundial? Estamos assistindo, passivamente, a discursos explicitamente contra refugiados, enquanto milhões deles gritam por socorro.

A delegação brasileira declara um intenso repúdio às falas do delegado representante da Hungria e à política húngara de refugiados, posto que seus posicionamentos desprezíveis não são uma novidade. Há anos, o primeiro-ministro da Hungria vem declarando uma política anti-imigrantes extremamente problemática; o político tenta disfarçar o racismo presente em suas falas – seja pelo uso de eufemismos ou seja por negações diretas –, mas ele é claro e evidente, como em seu discurso, em 2015, em que ele diz que é contra a mistura racial (entre húngaros e imigrantes) por um motivo civilizatório. Perdão, delegados, mas o que essa fala me transparece é que os imigrantes, que, geralmente, são de países menos desenvolvidos que a Hungria, estão sendo acusados – em um ato racista – de serem menos civilizados.

Acredito que seja pertinente, senhores, que eu recapitule o papel deste órgão – a ONU; a Organização das Nações Unidas tem o papel de trabalhar em conjunto para preservar o bem-estar global, e, a partir desta definição, fica claro que o posicionamento húngaro deixa de ser um atentado apenas à humanidade dos refugiados, já que passa a ser um atentado ao papel máximo desta instituição também. A posição húngara torna mais sensível a questão dos refugiados – que deixam sua terra natal por crises humanitárias gravíssimas – e também representa um estorvo para a eficiência da ONU; portanto, senhores delegados, está mais que lúcido que o posicionamento da Hungria deve ser visto com o mínimo de credibilidade.

Já a República Federativa do Brasil, senhores, deve ser vista de modo ímpar: um exemplo na questão dos refugiados. O Brasil excede empatia em sua face mais basal: a Constituição, que esbanja diplomacia em seus artigos, como o Art. 4, cláusula IX, que preza pela cooperação entre os povos para o progresso da humanidade. Esse caráter reflete completamente uma sociedade socialmente engajada, em que cerca de 40% da população desempenha alguma ação (doação de fundos, por exemplo) em prol da causa imigrante. Entretanto, delegados, é relevante destacar que os refugiados não têm de ser vistos com caridade; o Brasil segue uma política exemplar de inserção desses povos estrangeiros na realidade brasileira (por meio de aulas de português, por exemplo) e estudamos como seus conhecimentos podem contribuir para o mercado de trabalho local; desta forma, sendo um cidadão trabalhador e pagante de impostos, um refugiado acolhido é um investimento retornável.

Finalizo, senhores, reiterando que a nação brasileira é uma nação exemplar acerca do seu caráter diplomático e empático, enquanto a delegação húngara segue cravando sua imagem como profundamente racista e antipática, devendo ser reduzida a uma posição de repúdio coletivo. Vamos lutar, delegados, por um mundo mais igualitário e pelo acolhimento de populações mazeladas como a dos refugiados. Obrigada pela atenção. Encerro meu discurso.

REDAÇÃO 17

GABRIEL MAZILI PEDROZA
Ensino Médio (escola particular)
São Paulo / SP
Engenharia de Computação (Integral) / (1ª opção)

Em primeiro lugar, agradeço ao "bureau" por ter-me concedido a palavra. Caro delegado da Hungria: em que pese o respeito à soberania nacional de cada país, não posso, na posição de representante do Brasil, apoiar sua infeliz oposição à política de acolhimento de refugiados. De fato, devemos recordar a crítica situação na qual se encontram essas pessoas: não são terroristas; pelo contrário, fogem do terror. Não perseguem; pelo contrário, são perseguidos. Não são bárbaros; fogem da barbárie. Todos eles buscam viver em um país onde possam prosperar, sem discriminação, e viver seguros. Portanto, se escolhem juntar-se à sua nação, a postura a ser adotada não é de braços cruzados, mas de braços abertos, prontos para um abraço de satisfação em ter as qualidades de seu país reconhecidas. Assim, reiterando e respeitando as inúmeras resoluções do ACNUR – do qual somos ambos parte –, devemos acolher essas pessoas. Numa palavra: dar refúgio aos refugiados.

É natural que o senhor delegado, como parte dos aqui presentes, tenha ressalvas e temores quanto ao influxo de pessoas de origens diferentes. Asseguro a vocês e a seu país: nada é mais belo do que um "povo mestiço". Primeiramente, porque refugiados trabalham e contribuem para a sociedade. Ainda que exijam assistência e adaptações no início de sua estadia, a boa aplicação destas garante que eles não tardem a dar retornos e frutos muito maiores. Além disso, refugiados não apagam culturas, mas constroem-nas. A cultura húngara, muito longe de ser reduzida, seria enriquecida com a contribuição de pessoas tão diversas. Em resumo, convido a Hungria e todos os demais presentes a deixarem de temer as ilusões de "raças diferentes" ou "pessoas incivilizadas" para contemplar e aderir à beleza da harmonia e do acolhimento, em respeito aos Direitos Humanos comuns a todos.

Nesse sentido, apresento o exemplo do Brasil: somos uma nação aberta à recepção de refugiados. No passado, acolhemos milhões de italianos e japoneses que fugiam de guerras. Recentemente, demos asilo para milhares de sírios e venezuelanos, em coerência com nossos princípios e com as normas internacionais. Como resultado, ao invés de rejeitarem a política de acolhimento, nossos cidadãos mostram-se mais abertos do que a média global à causa dos refugiados. Refugiados constroem famílias e empresas; comunidades e histórias. Refugiados constroem o Brasil. Por isso, sugiro a todos os países aqui representados – incluindo a Hungria – que cessem de assistir a navio após navio de refugiados naufragar em suas costas, afundando sonhos e diplomas. Sejam a boia sobre a qual uma nova vida possa respirar, nadar e ancorar-se. Agradeço a atenção e a disposição das delegações deste comitê para construir um mundo melhor, e desejo um excelente debate a todos. Encerro meu discurso.

REDAÇÃO 18

JÚLIA PORTO NOGUEIRA DA GAMA
Ensino Médio (escola particular)
São Paulo / SP
Medicina (Integral) / (1ª opção)

Boa tarde a todos os delegados presentes neste plenário. Primeiramente, como representante do Brasil, um país historicamente miscigenado, terei a honra de discutir as questões trazidas pelo delegado da Hungria e acrescentar alguns pontos à temática tão relevante e atual referente ao acolhimento de refugiados. Agradeço as palavras do representante da Hungria, mas, como porta-voz da política externa brasileira, rebaterei alguns pontos.

Em seu discurso, o delegado reiterou o posicionamento húngaro contrário à recepção de refugiados e imigrantes através de três argumentos: a questão econômica, o possível desarranjo civilizacional e a preocupação identitária. No quesito econômico, há evidências de especialistas, em matéria da BBC News Brasil enviada a todos os delegados em anexo, de que o retorno financeiro a longo prazo da imigração é mais positivo do que negativo. Isso porque, essas pessoas, quando presentes legalmente, contribuem com o comércio e com a arrecadação de impostos, gerando receita ao país. Logo, não há perigo de uma "recessão econômica", como afirmado pelo delegado. Houve também em seu discurso a afirmação de que os estrangeiros ameaçariam a civilidade húngara. No entanto, o que seria "ser civilizado"? Uma vestimenta e uma língua distintas delimitam esse conceito? Isso são apenas alteridades, senhores delegados, puras diferenças culturais. Falta de civilidade e humanidade seria, na verdade, afundar barcos de refugiados sem pudor, matando crianças e dizimando famílias como se nada fossem, a exemplo do que fazem alguns aliados europeus da Hungria em seus litorais.

Deve-se manter em mente que esses refugiados são pessoas, como qualquer cidadão de qualquer país, que necessitam de amparo, pois sofrem com perseguições dos mais diferentes tipos ou com violências extremas em suas próprias civilizações, suas próprias pátrias. Acolhê-los é uma questão humana: fornecer a esses seres humanos alguma noção de lar novamente. Na Constituição brasileira, temos como um de nossos primeiros artigos o princípio de, em nossas relações internacionais, conceder asilo político de forma a progredir a humanidade. Esse progresso se dá conforme nos afastamos de xenofobias e aversões ao alheio, ideais que já geraram inúmeras mortes durante a história, sendo inadmissível cultivarmos ainda tais valores desumanos. Grande parte da população brasileira apoia as relações exteriores de acolhimento, e, nas pesquisas sobre tolerância a imigrantes, apesar dos problemas internos, estamos sempre acima da média mundial. E o motivo disso é que, rebatendo o último argumento do delegado da Hungria, vemos a contribuição dos estrangeiros em nossa música, na culinária, no idioma e em outros aspectos da rica cultura brasileira. Ao contrário do que afirma o delegado, culturas não são "destruídas com a imigração" – são construídas, assim como uma humanidade melhor. Obrigada pela atenção de todos.

REDAÇÃO 19

MARCELO RIGO DOS SANTOS
Ensino Médio (escola pública)
Vila Velha (ES)
Medicina (Integral) / (1ª opção)

A delegação brasileira compreende ser fundamental responder ao lamentável discurso proferido pelo delegado húngaro. Ao defender uma política de rejeição aos refugiados, suas palavras foram de encontro ao que deve ser defendido nesse plenário. Como sabemos, a definição da ACNUR explicita que os refugiados são pessoas em situação de extrema vulnerabilidade devido a diversas razões, como a perseguição étnica e a guerra. Conceder-lhes asilo é, sobretudo, um dever humanitário que deve estar acima de ideologias – ainda mais daquelas que tentam camuflar o preconceito e a xenofobia.

Esse discurso se fundamenta na percepção, amplamente difundida pelo primeiro-ministro da Hungria, Viktor Orbán, de que os refugiados são uma ameaça cultural aos europeus. Além disso, Orbán também afirma não querer que o povo húngaro, nas suas palavras, se torne "mestiço", associando a identidade coletiva à pureza racial – que é tão abjeta quanto é abominável. Apesar de parecer valorizar sua comunidade, essas afirmações, para além de seu caráter preconceituoso, são um modo de inflar, nas massas, um nacionalismo que enxergue no refugiado um inimigo a ser combatido, e não um ser humano a ser acolhido.

É importante ressaltar que ninguém arriscaria sua vida em uma travessia do Mar Mediterrâneo, por exemplo, se não estivesse absolutamente desesperado. Quem morre no barco de imigrantes que afunda não é um número, mas um lembrete de que os países estão fracassando na tarefa de oferecer ajuda humanitária. A comoção gerada pelas notícias de imigrantes afogados não é suficiente – é crucial acolher, visando evitar novas tragédias como essas.

À vista disso, reitero a posição assumida pelo Brasil de receber refugiados. A Constituição brasileira prevê a concessão de asilo político como um direito, pressupondo que isso é essencial às relações internacionais. Ademais, em consonância com a Carta Magna, pesquisas sugerem que a população brasileira possui, em relação à média global, maiores índices de preocupação com essa causa. Isso reforça que nossa posição é reflexo do sentimento comunitário, servindo de exemplo para as nações.

É claro que o acolhimento implica gastos públicos para a adaptação dos que chegam. Porém, no longo prazo, as custas se transformam em investimento, já que a inserção dos refugiados, na sociedade e no mercado de trabalho, caso seja bem realizada, retorna, por meio de impostos e contribuições na economia, para o Estado o que teve de ser custeado. Em um mundo onde cada vez mais se fala em muros, é função dos países abrir as portas da solidariedade e da empatia.

REDAÇÃO 20

FABRÍCIO LEITE MOMENTI
Ensino Médio (escola particular)
Pirangi / SP
Medicina (Integral) / (1ª opção)

Saudações ao Senhor Presidente desta assembleia, demais delegações nacionais e a todos aqui presentes. Como representante da delegação brasileira, é meu dever responder, diante deste plenário, o ataque aos direitos dos refugiados realizado pelo representante húngaro em seu último discurso. Em meio a tantos conflitos regionais, muitas vezes resultado do histórico imperialismo europeu, a posição egoísta e ignorante da Hungria só enxerga parte do problema e falha em compreender as funções da ONU no cenário internacional ao não se sensibilizar pelas milhares de vidas humanas em risco no Mediterrâneo.

Ao afirmar que há "dois mundos" – os europeus e os misturados –, o delegado húngaro assumiu uma posição xenofóbica incompatível com o direito internacional. Essa visão dicotômica absurda de considerar alguns povos melhores do que outros lembra-me, e muito, as opiniões compartilhadas pelos nazistas há quase um século. Certamente, associar a chegada de refugiados ao terrorismo e às dificuldades sociais é uma forma barata de justificar e acobertar o preconceito de seu governo, transmutado de "questão cultural". A humanidade é uma só, e, se há alguma questão em jogo, é a questão da vida humana.

O Brasil não é "menos nação" por ter um povo mestiço, pelo contrário, uma das grandes riquezas de meu país é nossa diversidade racial e cultural. Essa diversidade permitiu a criação de princípios que regem nossas relações internacionais, como a prevalência dos direitos humanos e o repúdio ao racismo. É baseado nesses princípios que o governo brasileiro repudia essas afirmações higienistas e apoia o acolhimento aos refugiados que sofreram as consequências da fome, da guerra e da perseguição. Ao contrário do que pensa o delegado húngaro, esses grupos, quando bem inseridos na cultura local através do aprendizado do idioma, podem se tornar uma força de trabalho importante para a economia, especialmente em países em processo de envelhecimento, como a Hungria.

Concluo meu discurso fazendo um apelo não só ao governo húngaro, mas a toda comunidade internacional aqui presente, para o respeito com os direitos humanos de todos aqueles que se encontram desesperados em busca de um lar. Agradeço a todos pela atenção e espero que, através da diplomacia, a questão dos refugiados não se resuma a discursos de ódio do passado.

REDAÇÃO 21

SOFIA GOVEIA BARBOSA
Ensino Médio (escola pública)
Limeira / SP
Ciências Econômicas (Integral) / (1ª opção)

Boa noite a todos os delegados presentes nesta reunião de extrema importância não só para a ONU, mas para o mundo. Em primeiro lugar, gostaria de enfatizar o quanto esse diálogo que fazemos aqui hoje, entre nações com histórias tão diferentes, é fundamental para uma realidade cada vez mais globalizada. Nós vivemos em um contexto de interdependência, em que a cooperação é um fator indissociável ao futuro humano. Foi pensando nisso que fiquei surpreso ao escutar o discurso totalmente equivocado da delegação húngara. Os refugiados não são um peso para o Estado, como afirmado pelo delegado H. O estereótipo infeliz de que as pessoas, completamente vulneráveis, seriam causadoras do terrorismo e das crises econômicas só revela, além da xenofobia, os inúmeros desafios que ainda enfrentaremos para garantir aos que fogem em busca de sobrevivência o que lhes é prometido por direito. Nesse sentido, delegados e delegadas, engana-se quem pensa que o acolhimento aos refugiados atrasará o suposto desenvolvimento de sua nação. Engana-se também quem defende uma hegemonia "cultural" ou "de raça", quando, na realidade, a pluralidade e a diversidade são inatas à existência humana. Além disso, ao identificar os fluxos imigratórios e compreendê-los, podemos elaborar políticas que permitam a qualificação profissional desses refugiados. É um investimento financeiro, eu entendo.

Mas os retornos a longo prazo são benéficos tanto ao país, pois aumenta a sua população economicamente ativa, quanto aos que procuram um novo recomeço.

Em segundo lugar, gostaria de lembrá-los do mundo em desordem no qual vivemos e de que a delegação húngara parece ter se esquecido. Guerras civis africanas, perseguições religiosas no Oriente Médio e os terremotos ocorridos na Turquia são apenas alguns exemplos atuais. Não podemos fechar os olhos em prol de um discurso falacioso de civilização. Eu, enquanto representante da delegação brasileira, chamo-lhes a atenção para medidas concretas e eficazes de minha nação: recebemos, recentemente, diversos refugiados haitianos e ucranianos com a devida documentação para que pudessem ser repatriados e, assim, ter acesso a condições inalienáveis, como saúde e educação. Conceder asilo e acolher são soluções viáveis. Sejamos humanos. A resposta não consiste em abandoná-los em navios à própria sorte, como algumas nações mediterrâneas têm feito.

Façamos, por fim, honra ao que nos propusemos ao entrar para as Nações Unidas. Pelo povo, pela paz e pelos direitos humanos.

REDAÇÃO 22

ELISA GUIMARÃES BARBOSA
Ensino Médio (escola particular)
Salto / SP
Estatística (Integral) / (1ª opção)

Primeiramente, gostaria de saudar os delegados e as demais autoridades aqui presentes. Começarei meu discurso relembrando a todos um episódio lamentável que ocorreu há algum tempo e foi noticiado por grandes veículos de comunicação internacionais: o corpo de uma criança refugiada, já sem vida, foi encontrado em uma praia do litoral europeu, vítima do naufrágio do bote durante a travessia do oceano. Essa morte precoce não é, no entanto, somente resultado do comprometimento da embarcação, mas de uma política que desumaniza os refugiados. Tal política é fortalecida a cada discurso xenofóbico como o proferido pelo delegado da Hungria nesta tribuna. Reitero a posição contrária da delegação brasileira às falas do representante húngaro, que inclusive fez menção às frases extremamente xenofóbicas do primeiro-ministro Viktor Orbán, como "Não queremos ser um povo mestiço", ditas em um discurso na Romênia.

Como cidadão brasileiro, oriundo de um país miscigenado e palco de grandes imigrações, e como representante de um cargo importante desta organização, trago alguns dos diversos argumentos que contra-argumentam e rebatem o delegado X. De início, cito a competente pesquisadora "Cindy Huang", da "Center for global development", que disserta que, com o devido apoio de um governo consciente sobre questões migratórias forçadas, há o assentamento e a distribuição dos imigrantes fugidos, e, após a estabilização destes, os gastos com os mesmos são devolvidos seja pelo pagamento de impostos, seja pelo consumo, assim como ocorre com qualquer indivíduo (mesmo os nascidos naquele território) que implica gastos estruturais na geração de emprego, na saúde, na educação, entre outros, e do qual também se espera o retorno econômico. Além disso, a falácia endossada pela autoridade X de que os refugiados roubariam os empregos deve ser desconsiderada visto que a única alternativa para a maioria deles é o emprego informal e alguns sequer chegam ao destino com vida, como o garoto que trouxe no início do discurso.

Por fim, quero defender o acolhimento dos refugiados colocando em primeiro plano a Constituição brasileira com o artigo 4º, que se refere à possibilidade de asilo político na nação que prega pela paz e desaprova veementemente o racismo; dito isso, espero que os demais delegados e autoridades reflitam e absorvam o real significado e objetivo das minhas falas e das boas práticas internacionais do Brasil para que assim outras mortes trágicas não se repitam como a do garoto refugiado e o acolhimento seja realizado de forma competente e prevalecendo os direitos humanos. Obrigado pela atenção de todos.

REDAÇÃO 23

ISABEL BLENDA DE BRITO
Ensino Médio (escola particular)
São José dos Campos / SP
Medicina (Integral) / (1ª opção)

Senhor delegado da Hungria, minha delegação gostaria de rebater a posição defendida em seu discurso: ser contrário a políticas de asilo a refugiados é ir contra princípios básicos de direitos humanos. A rejeição de suporte a pessoas que fogem das desgraças de seu país de origem significa condená-las à morte, na maioria dos casos. Essas pessoas, vítimas de fome, guerras e perseguições, precisam receber, no mínimo, acolhimento nos territórios a que tentam chegar. Senhor delegado, discursar contra asilo reflete a atual política externa nacionalista e racista do seu país. A Hungria defende sua soberania e seus valores culturais em oposição a quem vem de fora. Isso não passa do nacionalismo fascista que deu origem à Segunda Guerra Mundial. O fascismo responsável pelos maiores horrores que a humanidade já presenciou! Se hoje estamos reunidos em uma sessão das Nações Unidas, é porque as nações se mobilizaram para impedir que esses horrores se repetissem! Horrores que seu país defende. Já o racismo é visível na diferença do tratamento conferido a refugiados ucranianos e a refugiados da Ásia e da África: todos passam por sofrimentos inenarráveis – é claro –, porém apenas os de origem eslava são bem recebidos, não só na Hungria, mas nos países da maioria das delegações europeias aqui presentes.

O Brasil não pode se calar diante desse cenário! O acolhimento é base, sim, para o cumprimento dos direitos humanos, mas é, fundamentalmente, princípio da nossa Constituição Federal. Um dos pilares das relações internacionais brasileiras é a cooperação entre povos e a concessão de asilo político. Essas boas práticas deveriam pautar todas as nações nesta reunião – principalmente a nação húngara. Até quando os senhores verão inocentes afogados no Mediterrâneo sem fazer nada a respeito? Até quando deixarão que cresça o número de pessoas apátridas? É preciso um esforço internacional para a ajuda humanitária aos milhões de refugiados no mundo. É preciso estar de braços abertos, senhor delegado da Hungria, para receber quaisquer humanos em situações desumanas. Sua nação nega asilo em nome da "manutenção cultural". Nega assistência básica em nome da preservação econômica, como se não precisasse de mão de obra e como se não houvesse milhares de trabalhadores estrangeiros batendo à sua porta. Está faltando, aqui, o mínimo de humanidade!

Senhores, minha delegação sabe que a origem das relações internacionais é europeia; que a ONU foi criada pelo Norte Global. Ainda assim, não se pode ver nos discursos e nas atuações dos senhores a essência da corporação mundial: os direitos humanos. Os senhores, signatários da Declaração Universal dos Direitos Humanos (DUDH), não têm deixado o documento reger suas políticas. Senhor delegado da Hungria, seu discurso contribui para a morte de centenas de milhares de refugiados inocentes! Que o asilo político se torne uma boa prática comum a todas as nações! A delegação brasileira agradece e encerra o uso da palavra.

REDAÇÃO 24

LUÍSA MARTINS CARDOSO
Ensino Médio (escola particular)
São Paulo / SP
Música Popular: Voz (Integral) / (1ª opção)

Boa noite, caros representantes aqui presentes. Hoje, em nome de todo o Brasil e de todos os princípios que regem as relações internacionais do meu país, gostaria de afirmar e esclarecer o meu total repúdio em relação ao posicionamento da Hungria sobre os refugiados. Um posicionamento tão cruel, eurocêntrico, racista e xenofóbico, que só poderia tornar-se pior se incluísse uma política de extermínio daqueles que, de acordo com o discurso do delegado da Hungria, são pessoas perigosas, e que contribuem para o terrorismo e muitas dificuldades sociais em seu país. Tamanha falta de empatia é simplesmente apavorante.

O delegado da Hungria disse que a política de aceitação de refugiados pode destruir a identidade cultural da Europa, assim como disse Viktor Orbán, primeiro-ministro de seu país, em 2015. Porém, eu gostaria de rebater essa fala com um outro questionamento: quantas nações e povos ao redor do mundo não tiveram suas identidades culturais, riquezas naturais, tradições e populações massacradas pelo colonialismo europeu? Quantos dos conflitos e crises nacionais que fazem com que tantas pessoas se tornem refugiadas e precisem implorar por asilo internacional não tiveram a participação da Europa, e de seu sentimento de superioridade? O sangue europeu não vale mais do que o sangue do resto do mundo, assim como um iate com europeus não deveria valer mais do que um barco cheio de refugiados.

Essa política segregacionista, que inferioriza aqueles que mais deveriam ser acolhidos, não pode se tornar um padrão mundial. Precisamos conceder asilo para aqueles que precisam, tendo em vista que ninguém escolhe fugir. Ninguém escolhe não ter comida, segurança ou um teto sobre a cabeça. A Declaração Universal dos Direitos Humanos exige que todos possam ter uma vida digna, e é exatamente isso que precisamos garantir para os refugiados. Fora isso, não podemos nos esquecer de que ao estabelecermos políticas públicas voltadas para o acolhimento e a integração de refugiados, eles nos retribuirão em termos fiscais e econômicos. Pagarão impostos, trabalharão e contribuirão para o desenvolvimento nacional, como qualquer outro cidadão faria. Em apoio às boas práticas nas relações internacionais do Brasil, garanto que meu posicionamento é exatamente oposto ao da Hungria, e que, portanto, o Brasil está de portas abertas para refugiados de todas as partes do mundo, e que o nosso governo fará o possível para que todos que encontrem asilo no país sejam devidamente inseridos na sociedade brasileira. Ainda tenho esperança de que mais delegados terão a humanidade e a empatia necessárias para concordar comigo e com meu país.

REDAÇÃO 25

GIULIA GIOVANA BARREIRO GAIOLA
Ensino Médio (escola particular)
Campinas / SP
Medicina (Integral) / (1ª opção)

Boa noite, senhores delegados. Como sabem, todos os anos milhares de indivíduos fugindo de conflitos e perseguições deixam seus países em busca de refúgio e melhores condições de vida, em viagens periculosas e, muitas vezes, até mesmo fatais. Nesse cenário, eu, como representante da delegação brasileira, repudio as declarações dadas pela Hungria, contrárias à política de acolhimento dos refugiados, visto que essa nação apoiou-se em argumentos xenofóbicos e racistas para justificar o seu posicionamento e não levou em conta as potencialidades econômicas que esses podem trazer.

Primeiramente, senhores, minha delegação condena qualquer ato de racismo e acredita na cooperação entre todos os povos para que a humanidade possa progredir. Dito isso, abomino o fato de a Hungria opor-se ao fornecimento de asilo para refugiados a partir do pretexto de evitar a "mistura de raças", um argumento xenofóbico disfarçado de "questão cultural". Os imigrantes jamais ameaçam a cultura ou identidade de um país, mas tendem a enriquecê-la e trazer novos aprendizados aos nativos, sem eliminar as tradições existentes, dado que elas estão profundamente enraizadas na história de uma pátria e não são facilmente apagadas pela chegada de algo novo.

Ademais, o delegado húngaro acrescentou que a chegada dos refugiados em seu país causaria uma série de dificuldades sociais, como o aumento da pobreza e da marginalidade, o que também não é verídico, dado que esses empecilhos não são causados pela vinda das pessoas em si, mas pela falta de assistência do governo. É certo que quando essas chegam a uma localidade, elas necessitam de gastos governamentais. No entanto, se os fundos forem investidos no ensino do idioma local, no acesso à educação para crianças e adolescentes e no reconhecimento das qualificações acadêmicas dos adultos, os asilados, a curto e médio prazo, serão inseridos no mercado de trabalho e terão que pagar impostos, desse modo dando retorno aos investimentos iniciais. Além disso, em tempos em que não apenas a Europa, mas outros países ao redor do mundo vêm passando pela transição demográfica, com redução significativa da População Economicamente Ativa, os asilados incrementam a mão de obra nacional e auxiliam a reduzir os déficits previdenciários.

Por fim, gostaria de reiterar o apoio do Brasil às políticas de acolhimento de refugiados e de concessão de asilo político, a fim de garantir que os direitos básicos desses sejam assegurados e que haja a construção de um respeito mútuo entre as mais diversas nacionalidades, para que políticas racistas não ganhem força no mundo atual. Passo, agora, a palavra ao delegado da Turquia.

REDAÇÃO 26

YASMIM IGNACIO DA SILVA
Ensino Médio (escola particular)
São Paulo / SP
Medicina (Integral) / (1ª opção)

Boa tarde aos senhores delegados! Primeiramente, destaco meu pedido de decoro e respeito a todas as delegações. Sou representante da delegação brasileira e vim discutir pontos abordados pelo discurso do delegado húngaro. Problemáticas a respeito da questão dos refugiados foram abordadas, como a preservação da identidade cultural europeia, o terrorismo de Estado – supostamente ligado a populações em asilo – e as dificuldades socioeconômicas do fornecimento de recursos para a sobrevivência desses grupos, todas condizentes com o posicionamento do primeiro-ministro húngaro –Viktor Orbán.

Devo enfatizar que, como representante de um país plural e mestiço em suas origens, a delegação brasileira repudia a abordagem eugenista da delegação da Hungria acerca do conceito de uma "raça pura". A identidade cultural brasileira, pautada na miscigenação entre europeus, africanos e nativos, não danifica a sua classificação como nação – diferentemente da visão da delegação húngara. Logo, a miscigenação no continente europeu não deve ser percebida como prejudicial às suas nações. Ele apresenta povos nórdicos, escravos, ibéricos. Mas sua diversidade caucasiana não configura uma "miscigenação negativa", assim como a presença de povos refugiados, como árabes e africanos, não será prejudicial culturalmente, mas, pelo contrário, enriquecerá as tradições. O conceito de uma suposta "raça pura" não deve permear as decisões internacionais de asilo, pois são enfaticamente consideradas racistas.

Ademais, senhores delegados, enfatizo que relacionar a origem dos povos refugiados ao crescente terrorismo de Estado significa reforçar estereótipos xenofóbicos das populações árabes-islâmicas, uma vez que os grupos que solicitam asilo não constituem a porcentagem mínima de grupos fundamentalistas religiosos. Além disso, as dificuldades socioeconômicas geradas pelo fornecimento de insumos para a sobrevivência dos refugiados nos territórios são comprovadamente superadas após a sua total inserção na dinâmica nacional. Segundo a pesquisadora Cindy Huang, os impostos pagos por esses grupos, além de sua integração no mercado de trabalho, como mão de obra e posteriormente como consumidores, geram retorno financeiro ao país acolhedor e transformam o governo por meio de atitudes mais engajadas socialmente.

Desse modo, volto a defender o acolhimento de grupos refugiados, em concordância com os aspectos que permeiam as bases constitucionais brasileiras, tais como a "cooperação entre os povos para o progresso da humanidade", "o repúdio ao terrorismo e ao racismo" e "a concessão de asilo político". Senhores delegados, reitero que negar asilo aos refugiados significa abandoná-los à deriva nos mares, esperando por suas mortes. Isso é desumano! Eles necessitam da solidariedade e da sensibilização internacional para sobreviver. À luz do reconhecimento de que todos nós somos humanos, assim como os que imploram por refúgio, a delegação brasileira defende o asilo como obrigação humanitária de todas as nações, assim como a necessidade de respeito e civilidade entre as relações internacionais. Obrigada pela atenção de todos! Eu encerro meu discurso.

REDAÇÃO 27

LUCAS MENEGAZZI CARVALHO
Ensino Médio (escola particular)
Ribeirão Preto / SP
Medicina (Integral) / (1ª opção)

Caros representantes e delegados das Nações Unidas, boa noite! Primeiramente, gostaria de agradecer a oportunidade de estar aqui representando a Nação Brasileira, em tão prestigioso plenário, para debater sobre a delicada questão do acolhimento dos refugiados advindos de conflitos civis e de perseguições étnico-religiosas, principalmente, do Oriente Médio. Destaco, no entanto, que o objetivo de minha presença aqui, hoje, é responder e rebater a atual posição política tomada pela Hungria contra o acolhimento desses povos em sua nação e ressaltar o comprometimento do Brasil em não só receber, mas proteger as vítimas de tais conflitos.

Nesse viés, repudio os discursos do primeiro-ministro húngaro, Viktor Orbán, nos quais apresentou repúdio à entrada de refugiados na Hungria, alegando que estes ameaçariam a identidade cultural da Europa, o que não agradaria ao povo húngaro... Ao mesmo tempo, Orbán frisou que tal preocupação é "uma questão cultural", não racial... Senhoras e senhores do plenário, agora eu lhes pergunto: que pureza cultural é essa que o Sr. Orbán visa tanto proteger? Acredito que nos falte, em especial ao representante húngaro, a sensibilidade de compreendermos que a cultura não pode ser medida. Ora essa, voltamos ao período colonial? No qual dominantes e dominados eram diferenciados por um ideal de "civilização"? Em que os colonizadores deveriam impedir que tamanha "barbárie" dos colonizados manchasse a "pureza cultural europeia"? Reafirmo que: a mistura de culturas não traz prejuízo à cultura local, mas sim enriquecimento de ambas. Assim, a Nação Brasileira repudia o ódio às vítimas de perseguições tão injustas disseminado pela Hungria e repudia, ainda mais, justificar esse ódio com preocupações a respeito da "pureza de sangue" e "pureza de cultura". Antes de sermos húngaros, brasileiros ou turcos, somos humanos.

Nesse ínterim, ressalto a observância pela Nação Brasileira às diretrizes da Declaração Universal dos Direitos Humanos e à própria Constituição Federal Brasileira de 1988 – a qual garante a concessão de asilo político e a cooperação entre as nações – quanto à obrigação ética e moralmente humana de acolher os refugiados que necessitarem da proteção internacional brasileira. Desse modo, encerro meu discurso com um pedido de empatia pela condição de vulnerabilidade de tantos seres humanos que buscam reestruturar suas vidas. Obrigado!

REDAÇÃO 28

PRISCILA CASAGRANDE SALOMÃO
Ensino Médio (escola pública)
Campinas / SP
Filosofia (Integral) / (1ª opção)

Excelentíssimo senhor delegado da Hungria

A delegação brasileira assume como pilar dos valores que aqui defendemos os artigos da Constituição da República Federativa do Brasil de 1988, dentre os quais destacamos o artigo 4º, que orienta as relações internacionais do país que representamos na ONU.

Repudiamos veementemente as declarações do primeiro-ministro da Hungria, Viktor Orbán, cujo discurso apresenta uma contundente oposição ao acolhimento a refugiados na Europa. Tais declarações assumem a feição de discurso de ódio cujo teor preconceituoso tenta em vão se mascarar com argumentos contraditórios acerca de uma pretensa preocupação cultural e social. O continente europeu constitui-se como um mosaico multifuncional e étnico, onde a pretensa ideia de uma "identidade cultural europeia" se pulveriza na medida em que analisamos a heterogeneidade cultural e étnica de um continente formado através da interação e mistura de diferentes povos há milênios.

É contraditório alegar que precaver a miscigenação é uma questão cultural e não racial porque é a repetição do discurso de ódio disseminado pelo partido nazista na Alemanha. A ONU formou-se após a Segunda Guerra Mundial, com o intuito de garantir os esforços de preservação da dignidade humana, respeitando a heterogeneidade cultural que é inerente ao desenvolvimento dos povos e civilizações. Por isso é imoral assistir passivamente à morte de refugiados que tentam migrar clandestinamente em busca de oportunidades de sobrevivência. Os brasileiros estão muito mais abertos à recepção de refugiados como uma obrigação humanitária do que a média global. Estamos convictos de que o acolhimento e a assistência pública a refugiados são investimentos em nosso próprio desenvolvimento socioeconômico e em nossas relações internacionais com integração pacífica de povos com menos violência e mais sustentabilidade.

REDAÇÃO 29

MATHEUS NUCCI MASCARENHAS
Ensino Médio (escola particular)
Campinas / SP
Ciências Econômicas (Integral) / (1ª opção)

Senhor Secretário-geral e distintos delegados,

A delegação do Brasil vem, por meio deste discurso ao plenário da Assembleia Geral, endereçar críticas à posição incoerente e dúbia, assumida pela delegação da Hungria em prévia fala. Durante nossas discussões acerca dos parágrafos operativos da Resolução 7.813/2023, a qual trata do acolhimento de refugiados, o delegado húngaro, senhor Secretário-Geral, engajou em um discurso de total apatia e discriminação perante grupos humanos que tiveram suas vidas destruídas. Evocando perspectivas eugenistas perigosas, que buscam preservar supostas "raças" intocadas – como se estas fossem, de alguma maneira, mais dignas do cuidado e do respeito aos direitos humanos –, o delegado e a posição pública da Hungria nos fazem questionar até que ponto o mundo contemporâneo superou as ideologias racistas e persecutórias, disseminadas, na Europa, à época da primeira metade do século XX.

Nas palavras da delegação, distintos delegados, a "identidade cultural" europeia se coloca ameaçada diante da recepção dos refugiados, caracterizados como potenciais "terroristas" e "aproveitadores" do Estado de bem-estar social. Tais argumentos não são somente falaciosos se observarmos a realidade de países acolhedores, mas também, no mérito, se abstêm do verdadeiro significado de ser "refugiado". Para a ACNUR, essas pessoas são deslocadas de sua terra natal devido a guerras, à fome, a perseguições políticas e religiosas, não para atentarem contra a segurança dos países-destino, ou mesmo usufruírem de oportunidades econômicas. Atualmente, são sírios, que fogem da guerra civil, afegãos, que fogem do fundamentalismo religioso, e venezuelanos, que fogem da miséria. A eles, devemos demonstrar nossa empatia e observância humanitária, ainda mais, delegado da Hungria, se considerarmos que, durante a Primeira e a Segunda Guerras Mundiais, países europeus, como a própria nação húngara, tiveram refugiados acolhidos, inclusive, pelo meu país, Brasil.

Nesse sentido, caras delegações, é necessário o ultimato à negligência humanitária perante todos os refugiados globais. Nosso descaso não pode mais afogar as almas desamparadas de tantos. Precisamos agir!

Por isso, a delegação do Brasil, bastião da conciliação multilateral e do respeito à Declaração de Direitos Humanos da ONU, urge às Nações-membras: esse é o momento de adotarmos os pedidos da ACNUR e as resoluções produzidas sem consenso. Da mesma forma que meu país se compromete, constitucionalmente, à concessão de asilo político e de direitos humanos fundamentais aos refugiados, esperamos um comportamento similar de todos. Delegados, buscamos também a implantação de políticas de acolhimento compreensivas, com fornecimento de educação linguística e inserção no mercado laboral dos refugiados. Recentemente, tais ações, no Brasil, surtiram efeitos econômicos e sociais positivos com a acolhida de venezuelanos, especialmente.

Logo, diferentemente das visões preconceituosas expressas pela delegação húngara, devemos pensar como humanos, como um só povo. Não acolheremos húngaros, brasileiros ou sírios, delegados, mas sim os nossos pares da civilização humana.

Buscando a aprovação da resolução, em respeito ao consenso e aos humanos, o Brasil finaliza seu discurso. Obrigado, Senhor Secretário-Geral.

REDAÇÃO 30

JOÃO LUCAS DE SÁ CORREIA MACIEL
Ensino Médio (escola particular)
Manaus / AM
Ciências da Computação (Noturno) / (1ª opção)

Refugiados são, antes de tudo, humanos. São pessoas que identitariamente possuem cultura, costumes, religiões muitas vezes distintas e são, por diversas razões, obrigadas a se deslocarem para terras estrangeiras, carregando incertezas e dores por deixarem tudo para trás sem mais opções. Opor-se ao acolhimento de refugiados para manter no país uma hegemonia racial é ignorar qualquer direito que um ser humano possua fora de seu território e ignorar a história formadora das culturas que sempre contaram com trocas entre povos. Descredibilizar nações de povos mistos, como faz o premiê húngaro Viktor Orbán ao dizer que a Hungria "não quer se tornar um povo mestiço" e que aqueles países de povos europeus e não europeus "não são mais nações", não se trata de temer uma diferença cultural, mas sim de uma clara crença de superioridade racial. A posição que a Hungria adota carrega antigos preconceitos, mantém uma evidente xenofobia e um vexatório racismo. Sem os mais diversos povos, não haveria a Europa que hoje o primeiro-ministro busca livrar de uma afronta irreal à "identidade europeia", a qual sequer pode ser considerada como algo que existe, pois a diversidade dos povos europeus é tão ampla e em tão constante alteração que seria impossível assim defini-la em um só conjunto homogêneo. Também mostra sua discriminação ao invalidar quaisquer conhecimentos que outros estrangeiros possuam e possam agregar para o avanço da comunidade como um todo, além do retorno econômico que podem gerar.

Dito isso, na representação do Brasil, um país fruto de outros povos, que se orgulha de sua heterogeneidade e reconhece a importância das diferentes culturas em seu processo formador, reitero que continuaremos nossas políticas de acolhimento de refugiados e lutaremos para que a defesa da paz, a solução pacífica dos conflitos e a prevalência dos direitos humanos – como dita nossa Constituição Federal – sigam fortes. O Brasil registrou quase 40% da nossa população em atividades pró--refugiados e pretendemos que esse número aumente para os próximos meses. É nosso dever, enquanto nação, proteger as vidas que buscam nosso apoio, tendo sido nascidas aqui ou não.

É preciso lembrar que não somos seres isolados, alheios de influência ou condenados à cultura que nos é dada por nascença, no local em que crescemos – principalmente se este for tão hostil a nós. Todos somos resultado de diversidades e são as diferenças que nos engrandecem enquanto humanidade. Não deixaremos que nossos irmãos se afoguem; náufragos de um desastre que poderíamos evitar, mas decidimos pela inoperância. Não deixaremos que as barreiras dos costumes se imponham como muralhas. O homem é um ser universal, bem como o são seus direitos. Portanto, enquanto houver guerras, perseguições políticas, desastres naturais e outras causas de refúgio, o Brasil permanecerá oferecendo asilo àqueles que buscarem, com fé que um dia reinará a paz e isso não será mais necessário.

PARTE II
VESTIBULAR INDÍGENA UNIFICADO 2024

VESTIBULAR INDÍGENA UNIFICADO 2024

INTRODUÇÃO
LETRAMENTOS ESCOLARES E REGULAMENTAÇÃO DAS REDES SOCIAIS; ARTIGO DE OPINIÃO E POSTAGEM – DOIS TEMAS EM DOIS GÊNEROS DISCURSIVOS

Luciana Amgarten Quitzau
Cynthia Agra de Brito Neves

Na edição de 2024, o Vestibular Indígena Unificado (Unicamp e UFSCar) contou com 3.350 candidatos/as, representantes de 111 etnias, que disputaram um total de 195 vagas oferecidas por essas duas universidades. Com o intuito de ampliar o número de estados em que a prova é aplicada, o Vestibular chegou também à cidade de Santarém, no Pará.

A prova do Vestibular Indígena Unificado é composta de 50 questões de múltipla escolha (divididas em 14 de Linguagens e Códigos, 12 de Ciências da Natureza, 12 de Matemática e 12 de Ciências Humanas) e uma redação. De acordo com as normas publicadas no edital que rege o concurso, foram corrigidas as redações daqueles/as candidatos/as que se enquadraram nas seguintes condições: (i) acertaram pelo menos 15 das 50 questões de múltipla escolha; (ii) acertaram ao menos 4 questões de Linguagens e Códigos; e (iii) acertaram ao menos

4 questões da área específica do seu curso (Ciências da Natureza, Matemática ou Ciências Humanas).

A prova de redação ofereceu aos/às candidatos/as duas propostas. A **Proposta 1** solicitava que escrevessem um artigo de opinião em defesa do estudo da língua portuguesa, argumentando em favor da necessidade de os/as indígenas saberem ler e escrever em português para enfrentar os desafios da vida na universidade. A situação de produção simulava um/a enunciador/a jovem e indígena, que pretendia ingressar no ensino superior, e que escreve seu artigo para ser publicado no *site* da Associação dos Povos Indígenas do Brasil (Apib). Em seu texto, o/a jovem vestibulando/a deveria também relatar como se configuram o ensino e a aprendizagem do português em sua comunidade indígena, destacando as facilidades e/ou dificuldades enfrentadas nesse processo.

Havia, portanto, duas tarefas a serem cumpridas pelos/as candidatos/as nessa primeira proposta: a) o relato de sua experiência para aprender o português em sua comunidade indígena, e b) a defesa da necessidade de aprender a língua portuguesa para vencer os desafios impostos na futura vida universitária. Para obedecer a tais instruções, os/as candidatos/as deveriam, necessariamente, ler criticamente os textos da coletânea, apropriando-se dela tanto para a construção de seus argumentos (**textos 1, 2 e 3**) quanto para a elaboração de seu relato de experiência (**textos 4 e 5**).

Note-se que a proposta de redação oferece aos/às candidatos/as elementos para a produção do seu artigo de opinião. O **texto 1** da coletânea, por exemplo, discute o paradoxo de aprender a língua do colonizador, que traz o ranço da violência da invasão e do silenciamento das línguas indígenas, reconhecendo, no entanto, que aprender português é um mal necessário, visto que a língua portuguesa serve como instrumento de luta pelos direitos, como arma política para os/as indígenas. Os **textos 2** e **3** reforçam esse argumento ao defender o uso estratégico do português como resistência. É por meio da língua portuguesa que os/as indígenas (e não indígenas) lutam por terra, saúde, educação, assim como por dignidade e cidadania, conforme previsto nas leis da Constituição, escrita em português – destaca Fabinho Wataramy Tapirapé, citado no **texto 2** da coletânea. **O texto 3**, por sua vez, argumenta que os/as indígenas não deixam de ser indígenas por aprenderem português: trata-se de uma questão de sobrevivência e resistência. Já os **textos 4** e **5** apresentam depoimentos de indígenas, Cleiton Tamarukuku WaiWai e Luma Cristinne Fernandes Monteiro, respectivamente, que reconhecem a dificuldade que é aprender a norma-padrão, mas que a consideram necessária para "tirar boas notas nas provas".

As redações selecionadas para este livro responderam satisfatoriamente às demandas da Proposta 1. A redação de David Venancio Cardoso, por exemplo, compreende a instrução "a" ao revelar sua experiência com o ensino-aprendizagem da língua portuguesa: *"De onde venho o português é ensinado nas escolas sempre valorizando notas e números, não o aprendizado em si. Eu falo de ensino público, aquele que é ofertado a todos, mas nem todos têm acesso ao mesmo com qualidade"*. E para atender à instrução "b", elabora, como argumento, a pergunta retórica: *"Então, se nossos povos não dominam as capacidades de expressar, debater ou indagar no 'idioma oficial' dessa nação, de que forma vamos reivindicar o que é nosso por direito?"*.

Geraldo Trindade Montenegro também cumpriu as duas tarefas solicitadas na proposta. Primeiramente, o relato de como se deram o ensino e a aprendizagem do português em sua comunidade indígena: *"Na realidade do Alto Rio Negro o aprendizado da língua portuguesa tem um caminho de perda da di-*

versidade de línguas locais [...] [pois] *o jeito como a Igreja Católica, a partir de 1910, abordou os povos da região, aglomerando etnias num lugar em forma de internato, possibilitou extinção de várias línguas locais e adoção da língua portuguesa"*. Em seguida, a defesa de saber ler e escrever em português, reconhecendo que *"hoje* [a língua portuguesa] *é o principal instrumento na luta pelos direitos e garantia da sobrevivência de povos da região. A maioria das lideranças que hoje atuam se utiliza desse instrumento convencional, mas também se tem consciência de continuar a cultivar a língua materna"*.

Maria Saúde de Almeida Silva investe em argumentos para ressaltar a importância de os/as indígenas aprenderem a língua portuguesa – uma questão de *"empoderamento"*, uma *"estratégia de resistência"* para se opor *"ao sistema colonial"* – em cumprimento ao item "b" da proposta. Nas palavras da candidata: *"os indígenas compreenderam que, por mais que a língua portuguesa tenha um significado de opressão, colonialismo e silenciamento de nossas línguas maternas, nos dias de hoje se faz necessário o estudo dessa língua portuguesa, assim como as formações universitárias, como estratégia para a resistência dos povos indígenas [...] quando nós indígenas nos empoderamos da fala e da escrita científica do português, que permitem nos impormos contra o sistema colonizador, apresentando nossos próprios discursos e mostrando como nós queremos, pensamos políticas públicas e direitos dos povos indígenas, mostrando nossa capacidade de articular, debater e compreender o que é nos imposto [...] A fala e a escrita do português nos permitem escrever, documentar, registrar sobre nossa aldeia, povo, costume, língua, território, fazer o que muito branco faz sem pedir licença ou permissão"*.

Nota-se que seu *projeto de texto* opta por priorizar o item "b", mas nem por isso a candidata deixa de atender ao item "a" da proposta. É o que faz no seu penúltimo parágrafo, quando descreve: "*Na minha aldeia o ensino do português se dá juntamente com a língua materna na escola, assim como a escrita*". Segundo explica, tal ensino do português estimula as crianças a ingressar nas universidades e a fazer uma graduação, de modo que possam retornar para suas aldeias, pois faltam "*profissionais indígenas que trabalhem dentro das aldeias e nos demais espaços públicos [...] nunca esquecendo de seu povo e de seus costumes*". Por fim, destaca a importância de "*desconstruir o estereótipo que existe sobre os indígenas*", que são "*indivíduos críticos*" e que têm "*suas opiniões próprias*".

A **Proposta 2**, por sua vez, demandava que os/as candidatos/as assumissem a posição de um/a jovem indígena *influencer* que discute, através de uma postagem em sua rede social, a relevância das redes sociais como espaço para a divulgação de culturas indígenas (solicitação "a"). Esse/a jovem, contudo, reconhece a existência de discursos de ódio que circulam nesses meios digitais e defende a regulamentação das redes para que a disseminação dessas formas de ofensa seja combatida (solicitação "b").

Para desenvolver os seus argumentos, o/a candidato/a deveria, obrigatoriamente, ler criticamente os textos oferecidos pela coletânea, que fornecem um conjunto de informações e posicionamentos essenciais para o bom cumprimento das solicitações do enunciado. No **texto 1**, por exemplo, a internet é vista como facilitadora da divulgação das culturas indígenas, o que acaba por contribuir para o fortalecimento da luta indígena. O **texto 2**, por sua vez, defende que o compartilhamento de diferentes vivências favorece a aproximação de realidades que, mesmo distintas, podem ser compartilhadas; dessa forma, a internet seria importante para a compreensão da luta do outro. Já o **texto 4** mostra o exemplo de Noah Álef, modelo e *influencer* pataxó que usa suas redes para dar visibilidade a lutas dos povos indígenas. O **texto 5** apresenta Richard Wera Mirim, criador da Mídia Guarani Mbya, rede que conecta milhares de pessoas pelo Instagram. Segundo ele, as pessoas ainda estranham o fato de indígenas usarem tecnologias, mas as redes sociais podem contribuir para que todos entendam essa nova realidade. Todos esses textos, de alguma forma, discutem a importância das redes sociais para a divulgação das culturas indígenas e podem contribuir muito para o desenvolvimento da solicitação "a" da proposta. O **texto 3** trata da necessidade de regulamentação do uso das redes. Ele menciona o projeto de lei 2.630/2020, ainda não votado no Congresso Nacional – a PL das *Fake News* – que visa à criação de códigos de conduta tanto para os usuários quanto para as plataformas. De acordo com o texto, essa regulamentação não seria uma forma de censura, mas uma garantia de acesso a informações de qualidade, livres de mentiras, manipulações e discursos de ódio. Esse último texto pode contribuir significativamente para o desenvolvimento da solicitação "b" da proposta.

As redações dessa proposta selecionadas para este livro também cumpriram as solicitações do enunciado. Na redação de Fabiane Sinary Lima Mafra, observa-se que, conforme solicitado em "a", a autora emula ser uma *influencer* digital que discute a importância das redes sociais para a divulgação das culturas indígenas ao reconhecer que *"é por meio de ferramentas como a internet que nos é permitida a disseminação dos saberes tradicionais e da nossa cultura milenar"* e que elas *"também são nosso espaço e podem trazer fortalecimento para a luta e resistência do nosso povo"*. A autora pondera, contudo, que a internet pode ser usada para propagar discursos de ódio contra populações indígenas, como no caso da participante do programa Big Brother Brasil que recebeu comentários negativos "*simplesmente por conta de seu vocabulário e da sua identificação como indígena*". Para evitar situações como essa, ela manifesta apoio à pauta que defende "*a regulação das mídias sociais para prevenir discursos de ódio*", cumprindo, portanto, a solicitação "b". Note-se, também, que a autora cumpre essas demandas produzindo um texto que segue as características do gênero e da interlocução apresentadas na situação de produção: trata-se, sem dúvida, de uma postagem em redes sociais feita por um/a indígena que é também influenciador/a digital. Percebe-se isso já no parágrafo inicial, quando o enunciador cumprimenta seus "*seguidores*" e menciona ser um hábito seu compartilhar "*por meio deste perfil diferentes aspectos da minha cultura e um pouco da rotina da minha comunidade indígena*".

Isaac Iogan de Araújo Batistão também aponta os benefícios das redes para os/as indígenas ao reconhecer que a internet permite alcançar mais pessoas e conscientizá-las sobre a luta indígena, aproximando diferentes realidades. Segundo o autor, ela também "*facilita a propagação dos nossos costumes, comidas e conhecimentos, permitindo, àqueles que estão dispostos, fazer parte da nossa luta. Dessa forma, o espaço que estamos ocupando na internet fortalece a luta de todos os povos indígenas brasileiros*". Desse modo, o autor cumpre o item "a" ao discutir a importância dessas ferramentas para a divulgação das culturas indígenas. Para cumprir o item "b", ele destaca os pontos negativos das redes sociais ao mencionar que, nesse ambiente, é "*frequente estarmos* [os/as indígenas] *sujeitos a discursos de ódio, preconceito e ataques à nossa cultura*". O autor atribui essa realidade à falta de regulamentação das redes sociais, o que, segundo ele, "*possibilita a usuários mal-intencionados difamar a cultura e o povo indígena, sem que sejam devidamente punidos*". É interessante observar que o autor adere à causa que defende "*projetos de leis que visam punir tais indivíduos*", usando, para isso, elementos que são característicos do gênero que produz – uma postagem em rede social – e do/a enunciador/a que ele emula – um/a indígena que é também influenciador/a digital –, ao *"levantar" hashtags* e se colocar à disposição para discutir a questão por meio de uma *"DM"*, sigla usada para se referir a mensagens privadas (em inglês, *direct messages*) trocadas por usuários em diferentes plataformas digitais. Note-se, contudo, que esse não é o único momento em que o autor demonstra clareza no gênero que está produzindo e nos interlocutores implicados: já no início do texto, ele cumprimenta seus *"parentes"*, ou seja, seus interlocutores – indígenas como ele –, que o seguem em sua rede social e os convida para um bate-papo sobre o tema a ser desenvolvido na Proposta 2.

Para cumprir a solicitação "a" da segunda proposta, Rafaela Bosco de Souza destaca que as redes sociais permitem que os não indígenas conheçam a *"vivência, as experiências e as tradições"* dos povos indígenas. Além disso, ela evidencia a necessidade de *"'aldear' as redes sociais também, mostrar que existimos* [nós, indígenas], *que estamos presentes, que temos conteúdos interessantes a mostrar para aqueles que estão além de nós"*. A autora afirma que *"há quem tenha um discurso de ódio e maldade, espalhando comentários xenofóbicos, debochando ou fazendo pouco-caso de nossa existência"* nas redes sociais. Para evitar esse tipo de problema, ela defende a regulamentação das redes, *"fazendo com que esse tipo de crime não fique impune e que a pessoa que se esconde por trás de um perfil não espalhe mais ódio, xenofobia e desinformação"*, cumprindo, portanto, a segunda demanda: argumentar em favor da regulamentação das redes sociais para evitar discursos de ódio.

As seis redações aqui selecionadas, três da **Proposta 1** e três da **Proposta 2**, responderam aos comandos "a" e "b" da prova, fazendo uso adequado dos textos da coletânea. Vale frisar, contudo, que essas redações não obtiveram a nota máxima (12 pontos) de acordo com as *diretrizes de avaliação* das provas de redação dos vestibulares Unicamp. Foram textos bem avaliados, por isso constam aqui, mas são redações passíveis de erros, seja no uso da norma culta-padrão da língua portuguesa, seja no cumprimento do gênero do discurso proposto em cada prova: *artigo de opinião* e *postagem em uma rede social.*

Faz-se importante esclarecer que as provas de redação dos vestibulares Unicamp, tanto o Vestibular Unicamp quanto o Vestibular Indígena Unificado, avaliam habilidades de leitura e escrita de textos de diversos gêneros discursivos. São propostas situadas que variam ano a ano, com temas, gêneros e situações de produção e circulação diferentes. Logo, não há fórmulas nem receitas a serem seguidas, como acontece em outros exames igualmente importantes no âmbito nacional. Note-se que nessas propostas de redação não é avaliado o "repertório sociocultural produtivo" trazido pelos/as candidatos/as ao seu texto, nem tampouco é cobrada "uma proposta de intervenção" para a questão que está em pauta, como ocorre na prova de redação do Exame Nacional do Ensino Médio (Enem). Não há sequer esse tipo de instrução na prova de redação. São propostas, isso sim, de produções escritas em torno de *temas* atuais, que devem ser discutidos à luz da *leitura da coletânea de textos* que constam na prova, e de acordo com o *gênero do discurso*, devidamente situado, tal como é solicitado na proposta de redação.

Por essa razão, a Unicamp recomenda fortemente aos/às estudantes que se candidatam aos seus vestibulares que deixem as fórmulas e as receitas em casa e venham para a prova apostando na sua competência de leitor/a crítico/a e escritor/a capaz de desenvolver textos de gêneros diversificados – eis o perfil de jovens cidadãos desejado como futuros graduandos da Unicamp.

VESTIBULAR INDÍGENA UNIFICADO 2024
PROPOSTA 1

A prova de redação no contexto do Vestibular Indígena (assim como no contexto do Vestibular Unicamp) envolve capacidades de leitura e escrita em língua portuguesa. Mesmo considerando que há estudantes que falam mais de uma língua – como é o caso de diversas etnias indígenas –, é o português que vai fazer parte de toda a vida acadêmica do futuro estudante universitário.

Como jovem indígena que pretende ingressar no ensino superior, você decide **escrever um artigo de opinião** em defesa da necessidade do estudo do português, a ser publicado no *site* da APIB (Associação dos Povos Indígenas do Brasil). Em seu texto, você deve: **a)** relatar como acontece o ensino e a aprendizagem de português em sua comunidade indígena, destacando quais as facilidades e/ou dificuldades enfrentadas nesse processo; e **b)** argumentar a favor da necessidade de ler e escrever em português para enfrentar os desafios do estudante universitário na universidade.

> Atenção: seu **artigo de opinião** deve utilizar (mas não copiar) argumentos a partir da leitura da coletânea de textos a seguir.

1. O ensino de português para indígenas guarda algumas especificidades. Em primeiro lugar, a língua portuguesa é para o índio a língua do colonizador e, assim sendo, traz o ranço da violência do contato e do silenciamento das línguas indígenas. Em segundo lugar, aprender o português significa poder lutar pelos seus direitos. O português configura-se assim numa língua instrumento, arma, ferramenta, quase um mal necessário.

(Adaptado de Maria Gorete Neto. Português-indígena versus português-acadêmico: tensões, desafios e possibilidades para as licenciaturas indígenas. *Anais do SIELP*. v. 2, n. 1. Uberlândia: EDUFU, 2012.)

2. Mesmo quando a língua portuguesa é considerada uma língua que impõe o que é, como falar e viver nessa língua, a questão pode ser resolvida em uma estratégia de uso pela resistência:

A língua portuguesa é uma língua usada para a comunicação com indígenas e não indígenas, para defender e lutar por direitos como terra, saúde e educação, e também é capaz de oferecer melhoria de vida, melhores empregos na cidade e acesso a faculdades. (Joene Gomes Guajajara)

A língua portuguesa proporciona o conhecimento das leis da Constituição brasileira e é por meio de documentos escritos em português que os Tapirapé refletem os sentimentos da comunidade indígena às autoridades. (Fabinho Wataramy Tapirapé)

(Adaptado de Elismênnia A. Oliveira e Joana Plaza Pinto. Linguajamentos e contra-hegemonias epistêmicas sobre linguagem em produções escritas indígenas da Licenciatura Intercultural Indígena da UFG. *Linguagem em (Dis)curso*, Tubarão, SC, v. 11, n. 2, p. 311-335, maio/ago. 2011.)

3. Aprender português e estar em locais fora das aldeias não significa deixar de ser indígena, mas levar condição de sobrevivência a seus povos e resistir. O domínio da escrita como instrumento é uma coisa recente. Nós não escrevíamos como o ocidente escreve, mas nós aprendemos. Então, também para nós indígenas, a escrita é uma tecnologia.

(Adaptado de Ana C. Cernicchiaro e Daniel Munduruku, Literatura para desentortar o Brasil. *Crítica Cultural*, Palhoça, SC, v. 12, n. 1, p. 15-24, jan./jun. 2017.)

4. Traduzindo textos de Química em Português para a Língua WaiWai, comecei a tirar boas notas nas provas e melhorei nas apresentações de seminários. (Cleiton Tamarukuku WaiWai)

(Adaptado de Edson Silveira; Serguei Camargo e Stela Silveira (Org.). *Professores indígenas: memórias de vida, relatos e experiências com a educação diferenciada no Estado de Roraima.* UERR, 2020, p. 187.)

5. "Entrei sendo a única indígena da turma. Minha primeira língua é o nheengatu e a minha segunda língua é o português. Falar e escrever no que chamam de norma padrão é uma dificuldade, pelo menos no início". (Luma Cristinne Fernandes Monteiro. Baré. Unicamp)

(Adaptado de Renata Cardoso. Indígenas na universidade: relatos mostram que preconceito e exclusão ainda são realidade. *Desafios da Educação*. 31 mai. 2022.)

VESTIBULAR INDÍGENA UNIFICADO 2024
PROPOSTA 2

As redes sociais criam espaços de afinidade entre as pessoas e permitem a difusão de conhecimentos. No entanto, também podem disseminar estereótipos e discursos ofensivos sobre culturas diversas, até mesmo sobre as indígenas. Como jovem indígena *influencer*, que soma inúmeros seguidores em suas redes, você decidiu escrever um **texto** a ser **postado** em sua **rede social** preferida em que você: **a)** discute a importância das redes sociais para a divulgação das diversas culturas indígenas; e **b)** argumenta em favor da regulamentação das redes sociais para evitar discursos de ódio, sobretudo contra as pessoas indígenas.

Atenção: seu *post* deve utilizar (mas não copiar) argumentos a partir da leitura da coletânea de textos a seguir.

1. "A internet facilita a divulgação da nossa cultura e isso também faz parte do fortalecimento da luta indígena. Nós precisamos ocupar este espaço, principalmente nas redes sociais. A realidade de hoje é muito diferente da do passado. As pessoas achavam errado que os indígenas utilizassem a tecnologia. Vejo muitos comunicadores indígenas, por meio de seus celulares, mostrando e explicando as realidades nas aldeias", disse Kauri Waiãpi, "o cara da aldeia", sobre seu uso das redes sociais.

(Adaptado de Jorge Abreu. *Folha de S. Paulo*, 09/08/2023.)

2. Para a ativista indígena Alice Pataxó, a internet "traz a possibilidade de entender a luta do outro". Para ela, a criação de conteúdo indígena, de quem vivencia e compartilha a realidade, oferece uma sensibilidade que "queremos passar para quem nos acompanha, são realidades distintas que podem ser aproximadas. As pessoas estão acostumadas com expressões – como índios e tribos – que não sugerem quem somos e isso sempre nos incomodou, mas havia pouco espaço para discussões", disse Alice Pataxó.

(Adaptado de Amanda Garcia e Letícia Brito. *CNN Brasil*, 20/04/2022.)

3. Como punir *fake news* ou discursos de ódio nas redes sociais sem que isso seja confundido com um atentado à liberdade de expressão? O Projeto de Lei 2.630/2020 (conhecido como PL das *Fake News*), ainda não votado no Congresso Nacional, visa criar leis que possibilitem a criação de códigos de conduta para usuários, mas também para as plataformas digitais, como já acontece na União Europeia e em diversos países. Se a liberdade de expressão é fundamental para uma democracia, é preciso garantir um acesso à informação de qualidade e não sujeito a mentiras, manipulações e discursos de ódio que caracterizam parte do que circula nas redes sociais e não podem nem devem ser tolerados. Regular não é censurar.

(Adaptado de Homero Costa. "Sobre a regulação das redes sociais: avanço ou retrocesso". *Portal Saiba Mais*, 29/07/2023.)

4. Noah Álef, modelo e *influencer*, é indígena do povo Pataxó, nascido em Jequié, na Bahia. Ele utiliza suas redes sociais como ferramenta para discutir pautas indígenas que considera importantes. Uma de suas intenções é dar visibilidade e alertar sobre as lutas dos povos indígenas por meio da moda e dos espaços por ele ocupados. Acompanhar o Noah nos possibilita perceber, na prática, como as pessoas indígenas muitas vezes compartilham interesses cotidianos parecidos com os de pessoas não indígenas. Isso quebra uma ideia estereotipada do que essas pessoas precisam fazer ou onde devem estar para serem vistas como realmente são.

(Adaptado de Abraão Veloso. *Espaço do Conhecimento*. UFMG, 07/06/2022.)

5. "Em muitos lugares que eu chego, as pessoas perguntam: vocês usam celular, televisão, internet? E ficam impressionados quando veem celular na nossa mão, porque acham que indígena não pode ter isso. Mas com essa comunicação que nós fazemos, elas vão vendo a nossa realidade". Richard Wera Mirim criou a Mídia Guarani Mbya, que conecta mais de 44 mil pessoas pelo Instagram.

(Tecnologia https://periferiaemmovimento.com.br/povosindigenas042023/. 19/04/2023. Thiago Borges.)

VESTIBULAR INDÍGENA UNIFICADO 2024
EXPECTATIVAS DA BANCA

Como nas provas anteriores, a redação do Vestibular Indígena Unificado 2024 apresentou duas propostas temáticas, entre as quais o/a candidato/a deveria escolher uma, e apenas uma, desenvolvendo-a de acordo com as instruções dadas. O tema da primeira foi a importância do português na vida acadêmica, e o da segunda foi o papel das redes sociais na disseminação de conhecimentos.

As instruções sobre a produção dos textos precederam cada uma das propostas, informando de forma detalhada e objetiva os aspectos essenciais a serem avaliados pela banca corretora. Ambas as propostas têm por objetivo avaliar as competências de leitura e escrita dos/as candidatos/as e sua habilidade no uso adequado de características dos gêneros discursivos cuja produção foi solicitada: artigo de opinião e *post* em redes sociais.

Proposta 1

Os/as candidatos/as que optassem pela **Proposta 1** deveriam se posicionar em relação à importância da capacidade de leitura e escrita em língua portuguesa, tendo em vista que é essa a língua que vai fazer parte da futura vida acadêmica desses e dessas estudantes. A situação de produção criada pela banca elaboradora leva em conta as diversas etnias indígenas, o fato de vários deles/as falarem mais de uma língua, mas deixa clara – nas instruções e nos textos da coletânea – a exigência do conhecimento da língua portuguesa como língua da academia. Em seu texto, o/a indígena é orientado/a a escrever um **artigo de opinião** em defesa da necessidade do estudo do português. De acordo com o enunciado, o/a candidato/a deve: a) relatar como acontece o ensino e a aprendizagem de português em sua comunidade indígena, destacando quais as facilidades e/ou dificuldades enfrentadas nesse processo; e b) argumentar a favor da necessidade de ler e escrever em português para enfrentar os desafios do/a estudante universitário/a na instituição.

A banca elaboradora espera que, ao redigir o artigo de opinião, o/a candidato/a atenda às orientações propostas para a realização da tarefa e adote as formas próprias do gênero textual indicado. Na construção dos argumentos articulados à necessidade do domínio da leitura e da escrita do português, o/a autor/a do texto deverá considerar as informações encontradas na coletânea apresentada. O primeiro e o segundo excertos discutem o fato de a língua portuguesa ser a língua do colonizador e, ao mesmo tempo, instrumento de luta, uma forma de conhecimento das leis brasileiras. O terceiro excerto reforça que o uso do português não nega a identidade indígena e reforça o domínio dessa língua como modo de resistência. O quarto e o quinto excertos trazem depoimentos de indígenas sobre a aprendizagem e o uso do português como língua da academia.

Proposta 2

A **Proposta 2** menciona o lado positivo das redes sociais como espaços de afinidades e difusão de conhecimentos. Em seguida, chama atenção para o fato de que as redes também podem contribuir para a disseminação de estereótipos e ofensas. Considerando os lados positivo e negativo das redes sociais, o/a candidato/a é orientado/a a escrever um texto para ser lido por seus/suas seguidores/as, e que vai ser postado em uma rede social de sua preferência. Nesse texto, espera-se que o/a candidato/a – sempre baseado/a nos textos da coletânea – discuta a importância das redes sociais e argumente em favor de sua regulamentação, de forma a evitar discursos de ódio e mentiras.

Espera-se que, ao redigir o *post*, o/a candidato/a atenda às orientações da tarefa e adote as formas próprias do gênero textual indicado para um **post** de rede social. O primeiro e o segundo excertos defendem a necessidade do uso das redes de forma positiva, para fortalecer suas lutas, expondo a realidade do que ocorre nas aldeias e buscando despertar a sensibilidade de todos para a vivências de realidades distintas. O terceiro excerto discute o projeto de lei 2.630/2020 para controle das plataformas digitais. O quarto e o quinto excertos apresentam experiências de indígenas *influencers* e sua importância para a visibilidade das lutas indígenas. Na construção de seus argumentos, o/a autor/a deverá considerar apenas e tão somente as informações encontradas na coletânea.

VESTIBULAR INDÍGENA UNIFICADO 2024

REDAÇÕES DOS CANDIDATOS

PROPOSTA 1

REDAÇÃO 31

DAVID VENANCIO CARDOSO
Ensino Médio (escola pública)
Campinas / SP
Engenharia da Computação (Integral) / (1ª opção)

Existe um ditado popular que diz: "Para um bom entendedor, meia palavra basta". Ao depararmos com essa frase, concluímos que "um bom entendedor" se refere à pessoa que domina a escrita e a fala de um idioma; no caso do nosso país, esse idioma é o português. Agora, levando em consideração que a grande maioria dos povos indígenas brasileiros não possui a língua portuguesa como primeira língua, veremos uma barreira étnico--geográfica se formar entre nossos povos e os povos descendentes dos colonizadores que herdaram os meios de gerenciamento de acesso ao sistema social instaurado pelas suas gerações passadas. Então, se nossos povos não dominam as capacidades de expressar, debater ou indagar no "idioma oficial" dessa nação, de que forma vamos reivindicar o que é nosso por direito?

De onde venho, o português é ensinado nas escolas sempre valorizando notas e números, não o aprendizado em si. Eu falo de ensino público, aquele que é ofertado a todos, mas nem todos têm acesso ao mesmo com qualidade. No fim, se um indígena fala e escreve muito bem em português, é de cunho pessoal, pois as escolas em aldeias e comunidades não têm o mesmo padrão das que ficam mais próximas da "civilização". Esses problemas apresentados se estendem pela jornada de vida das pessoas que saíram desses lugares em busca de algo melhor, dos "parentes" que saíram em busca de trabalho, moradia, ou, no caso de nós universitários de educação, bem longe de nossas raízes. Portanto, essa barreira deve ser quebrada para que possamos adentrar nesse sistema, para ser facilitada a experiência universitária assim como é para os "não indígenas", para um ensino superior de qualidade e que nos capacite a adentrar o mercado de trabalho e ter ascensão social. Para que sejamos todos bons entendedores e que, também, meia palavra baste.

REDAÇÃO 32

GERALDO TRINDADE MONTENEGRO
Ensino Médio (escola pública)
São Gabriel da Cachoeira / AM
Filosofia (Integral) / (1ª opção)

Povos do Alto Rio Negro e Língua Portuguesa

Na realidade do Alto Rio Negro o aprendizado da língua portuguesa tem um caminho de perda da diversidade de línguas locais, mas também tem seu valor. Para os povos originários, a língua é base que forma homem e mulher através da transmissão oral do modo de vida local, e, aos poucos, a língua portuguesa possibilita interação com a sociedade envolvente. Em outras palavras, foi importante aprender a língua portuguesa, pois isso possibilitou o engajamento e a criação das organizações que atuam pela permanência do ser indígena e o defendem.

O nosso Brasil é rico em línguas originárias e, pela história impositiva da colonização portuguesa, extinguiu várias. Em São Gabriel da Cachoeira, noroeste da Amazônia, existem aproximadamente 23 etnias e 18 línguas faladas e que precisam ser preservadas.

O jeito como a Igreja Católica, a partir de 1910, abordou os povos da região, aglomerando etnias num lugar em forma de internato, possibilitou extinção de várias línguas locais e adoção da língua portuguesa, que hoje é o principal instrumento na luta pelos direitos e garantia da sobrevivência de povos da região. A maioria das lideranças que hoje atuam se utiliza desse instrumento convencional, mas também se tem consciência de continuar a cultivar a língua materna.

Dessa forma, consideramos que os povos originários do Alto Rio Negro tiveram perdas significativas com o advento das escolas iniciais, mas também vale considerar o valor dessa chegada. Graças a esse instrumento existe a possibilidade formal de defesa da vida dos povos ali residentes. Que conheçamos o valor das línguas locais, mas também incentivemos a garantia dos povos de aprenderem a língua portuguesa.

REDAÇÃO 33

MARIA SAÚDE DE ALMEIDA SILVA
Ensino Médio (escola pública)
Santarém / PA
Medicina (Integral) / (1ª opção)

Hoje vivenciamos um grande marco na representatividade indígena: vários espaços importantes na sociedade brasileira estão sendo ocupados por indígenas formados, mestres, doutores, políticos, defensores e pensadores. Esse marco resulta de quando os indígenas compreenderam que, por mais que a língua portuguesa tenha um significado de opressão, colonialismo e silenciamento de nossas línguas maternas, nos dias de hoje se faz necessário o estudo dessa língua portuguesa, assim como as formações universitárias, como estratégia para a resistência dos povos indígenas.

Em um passado recente, nós indígenas sofremos preconceito por sair de nossas aldeias e não falar o português, sendo excluídos de debates e decisões sobre nós e para nós por não compreendermos o que ali era falado. No entanto, isso começou a mudar quando nós indígenas nos empoderamos da fala e da escrita científica do português, que permitem nos impormos contra o sistema colonizador, apresentando nossos próprios discursos e mostrando como nós queremos, pensamos políticas públicas e direitos dos povos indígenas, mostrando nossa capacidade de articular, debater e compreender o que nos é imposto.

Na minha aldeia, o ensino do português se dá juntamente com a língua materna na escola, assim como a escrita. E estimulando as crianças que ingressem nas universidades e tenham uma graduação, falando da importância de haver profissionais indígenas que trabalhem dentro das aldeias e nos demais espaços públicos, ajudando a desconstruir o estereótipo que existe sobre os indígenas, ajudando-os a ser indivíduos críticos e ter suas opiniões próprias, nunca esquecendo de seu povo e de seus costumes.

A fala e a escrita do português nos permitem escrever, documentar, registrar sobre nossa aldeia, povo, costume, língua, território, fazer o que muito branco faz sem pedir licença ou permissão. Quem melhor que um Borari (etnia) para falar do povo Borari, ensinar os curumins (crianças) Borari?

VESTIBULAR INDÍGENA UNIFICADO 2024

REDAÇÕES DOS CANDIDATOS
PROPOSTA 2

REDAÇÃO 34

FABIANE SINARY LIMA MAFRA
Ensino Médio (escola pública)
Campinas / SP
Medicina (Integral) / (1ª opção)

Olá, seguidores. Como é de conhecimento comum, venho compartilhando por meio deste perfil diferentes aspectos da minha cultura e um pouco da rotina da minha comunidade indígena; apesar de estar distante da capital amazonense, ainda há muito da nossa tradição e cultura preservado. Contudo, hoje, venho abordar um assunto delicado que em algumas situações se torna até um estigma: a importância de conteúdos indígenas nas redes sociais e a barreira do preconceito e dos estereótipos.

Por muito tempo acreditou-se que a população nativa do Brasil, nós indígenas, não se moldaria à evolução tecnológica. Assim, esse pensamento é refletido nos julgamentos que recebemos diariamente nas redes sociais, e, ao contrário do que alguns defendem, a população indígena está cada vez mais presente nas mídias e é por meio de ferramentas como a internet que nos é permitida a disseminação dos saberes tradicionais e da nossa cultura milenar. Portanto, temos muito a contribuir para o desenvolvimento social nas mídias sociais; somos símbolo histórico de resistência e guardamos conhecimentos sobre plantas medicinais e preservação ambiental. Com isso, as redes sociais também são nosso espaço e podem trazer fortalecimento para a luta e resistência do nosso povo.

Recentemente presenciei, por meio dessa ferramenta virtual, comentários contra uma das participantes do programa de TV

– Big Brother Brasil, simplesmente por conta do seu vocabulário e da sua identificação como indígena. Esse cenário deixa esclarecida a necessidade da criação de códigos e condutas para usuários que estereotipam a nossa diversidade.

Nesse viés, a nossa comunidade tem defendido a regulação das mídias sociais para prevenir discursos de ódio. Deixo aqui meu apoio à pauta, para que os influenciadores indígenas não se sintam segregados e para que a população nativa tenha liberdade de expressão.

REDAÇÃO 35

ISAAC IOGAN DE ARAÚJO BATISTÃO
Ensino Médio (escola pública)
Alfenas /MG
Medicina (Integral) / (1ª opção)

Fala, parentes! Como vocês estão? Hoje, por meio da visibilidade que tenho nas minhas redes sociais, quero bater um papo acerca do espaço que nós indígenas estamos conquistando neste mundo virtual, como também dos ataques que sofremos por nossa cultura.

Primeiramente, devemos analisar os benefícios das redes sociais em nosso meio. Por intermédio da internet conseguimos alcançar mais pessoas e conscientizá-las sobre a luta que vivenciamos, e, dessa forma, aproximar duas realidades. Além disso, facilita a propagação dos nossos costumes, comidas e conhecimentos, permitindo, àqueles que estão dispostos, fazer parte da nossa luta. Dessa forma, o espaço que estamos ocupando na internet fortalece a luta de todos os povos indígenas brasileiros.

Entretanto, apesar dos inúmeros pontos positivos que a internet nos possibilita, existem também os pontos negativos. Diante da exposição a que nos colocamos é frequente estarmos sujeitos a discursos de ódio, preconceito e ataques à nossa cultura. Isso ocorre pela falta de regulamentação das redes sociais, o que possibilita a usuários mal-intencionados difamar a cultura e o povo indígena, sem que sejam devidamente punidos. Contudo, já existem projetos de lei que visam punir tais indivíduos.

Portanto, vejo-me na obrigação e na posição, como influenciador digital indígena, de levantar, com todos os que apoiam nossas causas, a "hashtag" #regulamentaJÁ, a fim de possuirmos um ambiente digital livre de preconceitos. Agradeço o tempo de leitura de todos. Qualquer dúvida me mandem uma "DM"!

REDAÇÃO 36

RAFAELA BOSCO DE SOUZA
Ensino Médio (escola pública)
São Gabriel da Cachoeira / AM
Medicina (Integral) / (1ª opção)

Na época em que vivemos, com todo esse avanço tecnológico, é normal cada vez mais jovens influenciadores indígenas surgindo e se impondo. Faz com que ocupemos mais um lugar de fala.

Vejo que ainda há muita falta de informação sobre nós indígenas vinda dos que não são e que cometem xenofobia contra nós, alguns por falta de conhecimento e uns por maldade. Porém agora, com as redes sociais, pessoas não indígenas podem nos acompanhar e conhecer um pouco mais de nós, além da nossa vivência, experiências e tradições. Precisamos "aldear" as redes sociais também, mostrar que existimos, que estamos presentes, que temos conteúdos interessantes a mostrar para aqueles que estão além de nós.

Mas há quem tenha um discurso de ódio e maldade, espalhando comentários xenofóbicos, debochando ou fazendo pouco-caso de nossa existência. Surgindo comentários como: "índio não pode ter celular", porque senão é de mentira, ou "você é indígena mesmo?", porque nos adaptamos à modernidade. Mas tem quem se interesse e procure aprender acompanhando nosso dia a dia pelas redes sociais, gente que procura se informar e até mesmo pares de outras etnias e regiões aprendendo um com o outro, havendo trocas de culturas, desinformações corrigidas um pelo outro.

Como havia citado, ainda há discurso de ódio nas redes sociais. Seria ótimo se houvesse uma regulamentação disso, fazendo com que esse tipo de crime não fique impune e que a pessoa que se esconde por trás de um perfil não espalhe mais ódio, xenofobia e desinformação. Mas, com a alta no número de *influencers* indígenas promovendo a cultura de cada um de acordo com sua etnia e defendendo o ser indígena como um todo, vejo uma grande transformação positiva.

Anotações

REDAÇÕES 2024

REDAÇÕES 2024

REDAÇÕES 2024

REDAÇÕES 2024

Título	Redações 2024: Vestibular Unicamp | Vestibular Indígena
Organização	Comvest
Coordenador editorial	Ricardo Lima
Secretário gráfico	Ednilson Tristão
Apoio e digitação	Lília Helena Bragança Luciana Amgarten Quitzau
Preparação dos originais	Lúcia Helena Lahoz Morelli
Revisão	Laís Souza Toledo Pereira
Editoração eletrônica	Ednilson Tristão
Design de capa	Ana Basaglia
Formato	14 x 21 cm
Papel	Avena 80 g/m^2 – miolo Cartão supremo 250 g/m^2 – capa
Tipologia	Minion Pro
Número de páginas	160

ESTA OBRA FOI IMPRESSA NA VISÃO GRÁFICA LTDA
PARA A EDITORA DA UNICAMP EM JUNHO DE 2024.